손쉽게 만드는 폐백·이바지 음식

현·대·폐·백·이·바·지·연·구·회 김·복·화

혜성출판사

차 례

1. 폐백

2. 이바지

차 례

추천의 말

요즘 젊은이들은 예전같이 어른으로부터 음식 만드는 법이나 상차림, 그리고 우리의 전통 예절에 관하여 배울 기회가 많지 않다. 일반적인 음식 만들기도 어려운 일인데 특히나 혼례를 끝낸후 신부가 시어른께 올리는 폐백음식은 그 의미로 보아 여간 마음 쓰이는 것이 아니다.

폐백음식은 지방이나 가문에 따라 조금씩 다르기는 하나 격식에 맞고 정성이 담긴 음식이라야 한다.

대부분의 사람들이 폐백음식만들기를 어려워하는데 본 책의 저자는 각 음식 만드는 방법을 아주 간결하면서도 자세히 저술하였다. 특히 조리할 때 조심할 것을 명시하여 이해를 쉽게 하도록 하였다.

본 책은 폐백음식에 대하여 관심이 많은 분들에게 좋은 자료와 큰 도움이 될 수 있는 책이기에 추천하는 바이다.

단국대학교 식품영양학과 조리학 교수/장명숙

증보판을 내면서

한국음식은 그 색상과 다양성, 조리법이 세계의 어느나라 민속음식보다 우수합니다. 그 중에서도 혼례음식은 화려함과 보양성(保養性)을 더욱 겸비한 음식입니다. 그러나 이렇듯 훌륭한 우리의 혼례음식이 다양하고 바쁜 현대사회의 구조와 설불리 만들기 어렵다는 선입관 때문에 점차 멀어져가고 있습니다.

그런 이유로 이책은 누구든지 손쉽게 만들고, 아끼고, 즐길 수 있게 하기 위하여 많은 사진과 해설을 가미하였습니다.

첫째, 이 책은 가정에서 손쉽게 폐백 · 이바지음식을 만들 수 있도록 식재(食材)의 목적별 · 재료별로 구분지어 수록하였습니다.

둘째, 음식 만들기의 재료 분량은 국제적인 공인 계량법을 바탕으로 하였습니다.

예)

1cc=1mℓ	1TS=15mℓ
1ts=5mℓ	1C=16TS
1TS=3ts	1C=240cc (우리나라의 경우 200cc)

●C : 컵 ●TS : 테이블 스푼, 큰술 ●ts : 티스푼, 작은술

세째, 전통적인 혼례음식 조리외에 현대적 색채와 재료가 가미되었습니다.

폐백 · 이바지 음식은 서로의 형편에 따라 정성들인 음식을 양가에 보내는 것으로 음식교류를 통해 사돈간의 음식 풍속을 익히고 정이 오갈 수 있도록 하는 우리의 미풍양속 중의 하나입니다. 그러나 사회의 급속한 변화와 물질문명의 발달로 이러한 혼례의 규범이 불필요한 격식으로 치부되기도 하고 사치를 조장하는 풍속으로 규정지어지기도 했습니다. 그래서 바쁘고 힘든 이즈음에 직접 혼례음식을 만들어 봄으로 성취감과 경제성을 갖게끔 이책을 만들게 되었습니다.

미흡하나마 폐백 · 이바지책의 초판을 지난 여름에 만들었습니다. 그리고 많은 분들의 도움과 배려로 짧은 시간에 개정 증보판을 내게 됐습니다. 많은 시간과 노력에도 불구하고 항시 쫓기듯이 책이 출판되고 나면 더 좋은 책이 될 수 있지 않았을까 라는 자책으로 개정 증보판을 내었지만 아쉬움은 항상 남아 있습니다.

끝으로 이책이 나오게끔 큰 배려와 준비를 해주신 성북구청의 권영애님, 김 재점님, 노 길자님과 성북구청 부녀교실, 구립서초여성회관, 일산농업협동조합의 문화센터 여러분께 감사드리며 아울러 물심양면으로 도와주신 시부모님과 남편의 애정어린 외조와 또한 흔쾌히 책을 내 주신 혜성출판사 임직원 여러분께 감사드립니다.

현대폐백 · 이바지 연구회 김복화

폐백 상차림과 예절

폐백음식은 혼례를 끝낸후 신부가 시어른들께 예를 치르며 올리는 음식이다. 특히 이 자리는 신부가 친정에서 정성껏 마련해온 음식을 차림으로써 그 예법을 더욱 의미있게 만드는데, 그 음식이 격식에 맞고 청결한 동시에 정성이 담겨 있어야 하며 경제적인 여건도 고려해야 한다. 지방과 가문에 따라 조금씩 다르나 서울에서는 육포나 편포 또는 닭으로 대신하기도 한다. 그리고 자손번영의 깊은 의미로 대추를 쓰고 술과 안주가 되는 마른 구절판을 올린다.

정성껏 만든 육포나 편포는 혼인의 吉事를 뜻하는 청, 홍지를 두르고 각각의 폐백음식을 청, 홍겹보에 싸는데 포는 청이 겉으로 되게 싸고, 대추는 홍이 겉으로 오도록 하여 네귀에 근봉지(謹封/한지에 붓글씨로 쓴것)를 끼워 곱게 싸서 네귀를 아래로 떨어 뜨린다. 혼례후 폐백상을 차릴때는 포를 왼편, 대추를 오른편에 놓고 가운데 마른 구절판을 놓는다.

과거에는 폐백상에서 닭을 2마리 놓았었는데, 일제시대와 6.25를 거치면서 닭을 1마리만 준비하는 경향이 생겼다. 그러나 요즈음은 다시 2마리를 놓는 경향이다.

폐백닭은 계란지단과 푸른색, 붉은색의 야채로 장식을 하지만 전주 지방쪽에서는 오징어 오림으로 장식하기도 한다.

- 폐백절은 시조부모께서 생존하셔도 시부모님께 먼저 올린다.
- 폐백은 옛 풍습 그대로 보존하는 것도 의의가 있으나 무엇보다도 시댁어른을 존중하며 잘 섬기고, 가족들과 화합하며 살아가자는 마음가짐을 갖는데 있다.
- 폐백절을 할때는 수모의 도움을 받는데, 앉을때는 수모가 먼저 앉고 일어설때는 신부가 먼저 일어난다. 절은 사배(四拜)하는데 고개는 숙이지 않고 팔만 올렸다 내렸다 하고 사배후에 반절하고 뒤로 가볍게 물러선다.

폐백음식을 싸는 보자기는 청색과 홍색 두 겹으로 네모나게 만들고 네 귀에 금전지나 수실을 꿰매어 단다.

폐백음식을 쌀때는 이 보자기가 서로 묶이지 않고 네 귀를 모아서 올려 근봉(謹封) 띠로 끼워 오므린다. 근봉 띠는 약 5㎝폭으로 써서 만든다. 폐백 음식을 쌀때 보자기를 서로 묶어 매지 않는 것은 결혼 생활 동안 늘 서로를 이해하며 행복하게 살라는 의미이다.

1. 포종류

- 육포
- 편포
- 대추편포
- 섭산적

육포사진

육포

■ 필요한재료

●소고기 우둔살 600g(홍두께살도 좋다.)
양념장(간장 5TS, 설탕 3TS, 청주 1TS, 물엿 1/2TS, 커피 1/4TS, 양파, 마늘, 생강, 흰후추, 소금)

■ 알아두세요

●소고기를 육포로 만들면 핏물, 수분 등이 빠지고 건조해지므로 무게가 1/3로 줄어든다. 폐백상에서는 보통 소고기를 10근 이상 말려서 육포를 준비한다.

만들어 보세요

1. 소고기는 3~4㎜정도로 결방향으로 포를 떠서(넓게) 마른 보자기로 핏물을 눌러주며 없앤다.
2. ①을 설탕, 청주에 30분 이상 재운다.
3. 양념장을 모두 섞어 끓인 후 면보자기나 체를 이용하여 국물이 식기전에 건데기없이 걸러낸다.
4. 걸러낸 양념장에 ②를 2시간이상 재운후 넓은 채반이나 발에 식용유나 참기름 바르고 고기를 평편히 넣어 통풍이 잘되는 곳에서 말린다.(자국이 나지 않도록 자주 뒤집어 준다.)
5. 고기가 꾸덕꾸덕 마르면 방망이로 평편히 손질하여 주고 면 보자기에 싸서 무거운것(맷돌, 다듬이 돌 등)으로 눌러준다.
6. 육포가 잘 마르면 가장자리를 반듯이 모양낸후 찹쌀풀을 이용하여 잣과 대추로 장식한다.

■조리 point

●소고기 육포는 간장을 넣어서 양념하면 색이 진해지므로 소금물에 양념하기도 한다.

●소고기 육포의 양념에는 참기름을 넣지 않는다. 참기름을 넣으면 육포가 잘 마르지 않고 육포가 싱거워져 양념을 덧바르려면 양념의 흡수가 안된다.

●소고기 육포를 좀더 자극적인 맛을 내기 위해서는 양념장에 겨자, 홍고추, 오리브잎, 정향 등을 첨가하기도 한다.

●육포를 오리고 남은 자투리는 곱게 다지고 물엿을 넣어서 육포 다식을 만들어도 좋다.

편포

■ 필요한재료

●소고기 우둔살 1,800g, 소금약간, 마늘, 생강즙 1/2ts씩, 양념장(소고기 600g에 대해 간장 3TS, 설탕 1TS, 후추 1/2TS, 마늘즙 1/2TS, 생강즙 1/2TS, 물 3TS)

만들어 보세요

1.소고기는 다져서 소금, 마늘즙, 생강즙을 넣고 밑간한후 여러번 치대어 놓는다.

2.치대어 놓은 소고기를 2등분하여 두툼한 럭비공 모양으로 빚은후 찜통에서 익혀낸다.(길이 25㎝, 두께 2㎝ 정도로 빚는다.) 편포를 찜통에서 찔때는 젓가락으로 찔러보아 피가 나오지 않을 때까지 익힌다.

3.넓은 남비에 양념장을 끓여서 ②에 골고루 발라주며 익힌다.

4.잣가루를 만들어서 양념장에 익힌 소고기에 고루 발라주고 목기에 담는다.

대추편포

■ 필요한재료

- 소고기 우둔살 300g, 잣 3TS, 간장 2TS, 설탕 1TS, 청주 1TS, 후추 $\frac{1}{3}$TS

만들어 보세요

1. 소고기는 곱게 다져서 여러번 치댄다.

2. ①에 간장, 설탕, 청주, 후추를 넣고 양념을 한 다음 대추알 만큼 떼어서 대추 모양으로 빚고 통잣을 박아서 바람이 잘 통하는 곳에서 말린다.

알아두세요

- 대추편포를 먹을 때는 참기름을 바른다음 살짝 구워 잣가루를 뿌린다.
- 대추편포를 만들때는 기름기 없는 소고기를 이용한다.

섭산적

■ 필요한재료

- 소고기 600g, 두부 50g, 빵가루 3TS, 파, 마늘, 생강 다진것, 후추, 소금
- 장식-계란 황백지단 채친것, 석이버섯, 홍당무, 은행, 메추리알, 색요지, 방울토마토

만들어 보세요

1.소고기 다진것+곱게 다진 두부+빵가루+밀가루+갖은 양념을 섞어 여러번 치댄후 도마위에 올려 놓고 칼로 가로, 세로로 두들긴다.

2.①을 두께 0.8㎝정도로 얇고 평편하게 만든후 지름 25㎝ 정도의 원형으로 만든다.

(섭산적은 크기를 똑같이 만들어야 하므로 남비 뚜껑을 이용하여 한장 한장 찍어낸다.)

3.팬에 식용유를 두른후 ②를 넣고 앞뒤로 익혀낸다.

4.계란은 황백으로 나누어 지단을 부쳐서 채치고 석이버섯은 불려서 채쳐 볶으고 홍당무도 채쳐서 볶으며 은행은 중불에서 볶은후 껍질 까놓고 메추리알은 삶아서 껍질을 깐다.

(고명의 길이를 섭산적 반지름보다 길게 준비하여서, 마무리할때 가위로 똑같이 잘라준다.)

(고명의 색 배치는 대각선으로 마주보게 한다. 섭산적 맨위의 것은 물엿이나 마요네즈를 발라서 고명을 올려 놓아야 한다.)

5.③위에 ④의 고명을 색을 맞춰(대각선으로 배치하면 좋다) 올려 놓는다. 삶은 메추리알을 실에 꿴후 군데군데 색요지로 장식한다.(섭산적 맨위의 것은 물엿이나 마요네즈를 발라서 고명을 올려놓아야 한다.)

섭산적은 육포 대용으로 많이 쓰이는데, 폐백용 섭산적은 보통 소고기 7근 정도가 필요하다.

섭산적

구 절 판

구절판 그릇은 우리나라 고유의 食器형태로 가운데 칸을 중심으로 사방 8개의 칸이 나누어 있어 모두 9칸의 구분으로 이루어졌기에 붙여진 이름이다.

구절판에 음식을 담으면 모양이 한결 나아 보기에도 매우 좋고 조금씩 담기때문에 식품의 재고가 없이 다 먹을 수가 있어 경제적이다. 구절판 그릇의 재료는 주로 칠기나 목기, 도자기 등으로 만드는데 그 사용하는 법에 세심한 주의가 필요하다. 칠기나 목기 구절판은 독특한 냄새가 있어 우선 새로운 것을 사용할때는 상자에서 꺼내 바람이 잘 통하는 곳에 2~3일 놓아 두어야 하고 햇살이 직접 닿으면 칠이 벗겨지는 수가 있어 주의해야한다. 냄새 빼는 법으로는 등겨나 뒤주속에 넣어 두는 방법이 있고, 서둘러 냄새를 없애고 싶으면 부드러운 천에 식초를 적셔서 닦거나 탈취제를 넣어두면 된다. 사용하고 난 다음에는 물속에 오래 담궈두면 안된다. 또한 중성세제를 쓰면 칠의 광택이 손상되므로 때가 몹시 묻었을대만 사용한다.

도자기로 된 구절판은 먼지나 때를 스폰지에 중성세제액을 묻혀 닦아내고 그릇에 흠이 가지 않도록 주의해서 사용한다.

2. 구절판

- 구절판
- 정과
- 무전과
- 더덕전과
- 연근전과
- 새우포
- 대추초
- 은행꼬지
- 잣꼬지
- 다시마대듭튀김
- 생율깎기

구절판

(시계방향으로)

만들어 보세요

■ 다시마매듭
다시마를 물에 적신후 길이 10㎝, 폭 1㎝정도로 잘라서 매듭을 지은후 잣이나 땅콩을 찹쌀풀로 붙여서 바짝 말린후 튀긴다.

■ 호두튀김
호두는 뜨거운 물에 식초 1~2방울 넣고 불린후 요지로 껍질을 벗기고 전분가루를 묻혀 150℃에서 한번 튀긴다.

■ 잣솔꼬지
잣을 솔잎에 끼워 3~5개씩 붉은 실로 묶는다.

■ 은행꼬지
은행을 파랗게 볶은후 껍질을 벗기고 요지에 3~4알씩 꿰어준다.

■ 대추초
대추를 갈라서 씨를 빼고 수삼을 대추 크기로 썰어 대추안에 넣고 설탕, 꿀에 조린다.

■ 더덕전과
더덕을 소금물에 담근후 끓는 물에 데쳐내서 설탕, 물엿, 꿀에 조려서 전과를 만든후 검은깨로 장식한다.

■ 꽃새우포
새우를 설탕, 생강즙, 밀가루풀에 섞어 끓여 말린뒤 호박씨로 장식한다.

■ 대추편포
곱게 다진 소고기에 불고기 양념을 하여 대추 크기로 빚은후 윗면에 잣을 박아서 그늘에서 말린다.

■ 곶감 · 호두말이
곶감을 씨를 빼고 갈라서 평편히 한후 호두를 넣어 말아서 2㎜폭으로 자른다.

정과

■ 알아두세요

● 정과(正菓)는 전과(煎菓)라고도 하는데 이는 식물의 뿌리, 잎, 줄기, 열매 등을 꿀이나 조청, 설탕시럽에 졸이거나 절여서 달콤하고 쫀득쫀득하게 만든 우리나라의 한과이다. 정과는 설탕의 양이 중요한데 보통 재료 무게의 60%의 설탕과 재료가 잠길정도의 물과 재료 50g에 대해 물엿 1TS씩이 필요하다.

만들어 보세요

● 100g짜리 무로 정과를 만들려면 설탕은 60g, 물은 무가 잠길정도의 양, 물엿은 2TS가 필요하다.

● 정과를 만들려면 설탕의 양에 주의해야 한다. 설탕이 너무 많으면 전과가 단단해지고 설탕이 적으면 전과가 무르게 된다. 그러므로 적절한 설탕의 양은 재료 무게의 60%가 된다.

● 정과를 만들때는 넓고 평편한 남비에 재료를 골고루 펴놓고 해야 잘된다.

● 정과를 만드는 火力은 처음은 강하게 하다가 일단 끓기 시작하면 약한 불로 조절해서 한다.

● 완성된 정과는 서로 달라붙지 않도록 설탕을 뿌린다.

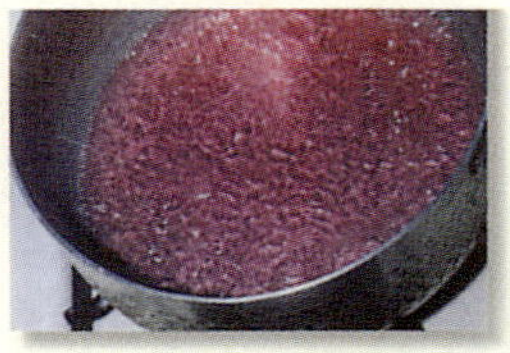

● 선인장 물

● 치자 물

무전과

■ 필요한재료

무 500g, 치자 또는 선인장 열매, 설탕 300g, 물엿 10TS

만들어 보세요

1. 무를 적절한 크기로 썬후 끓는 물에 데쳐 찬물에 식힌다.
2. 설탕과 무가 잠길 정도의 물을 넣고 끓이다가 ①을 넣고 은근히 졸인다.
3. 마지막에 물엿을 넣고 윤기있게 한후 채반에 올려 놓고 모양을 만든다.

■ 알아두세요

- 무전과는 맛이 있지만 냄새가 좋지 않으므로 생강즙이나 모과즙을 넣어 만들면 향이 좋아진다.
- 무전과는 특히 비타민 C와 각종 효소가 풍부하여 소화를 돕고 노화방지, 미용, 감기에 특효가 있는 것으로 알려져 있다.

2. 구절판

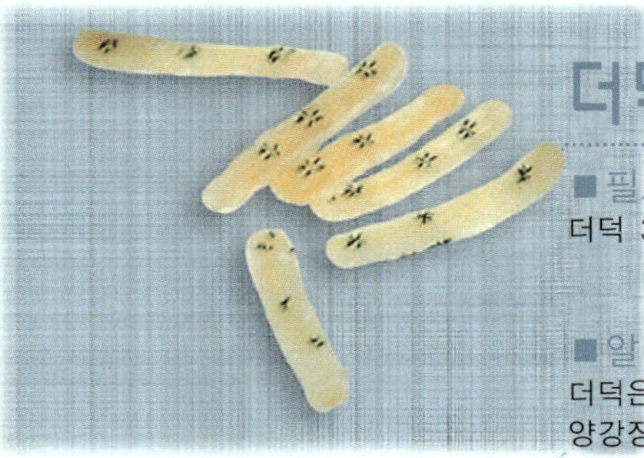

더덕전과

■ 필요한재료

더덕 300g, 설탕 180g, 물엿 6TS, 물, 검은깨

■ 알아두세요

더덕은 인삼과 마찬가지로 사포닌 성분이 들어있다. 건위제, 자양강장제로 유용하다.

만들어 보세요

1. 더덕을 껍질을 벗겨낸후 폭 1㎝, 두께 0.2㎜, 길이 5㎝ 정도로 썰어서 소금물에 담근다.

2. ①을 끓는 물에 데쳐내고 찬물에 헹군다.

3. 남비에 설탕과 더덕이 잠길 정도의 물을 붓고 끓인다.

4. 끓기 시작하면 약한 화력으로 불을 조절하여 은근히 조린다.

5. 거의 다 졸였을 무렵 물엿 6TS를 넣어 국물이 없어 질때까지 졸인다.

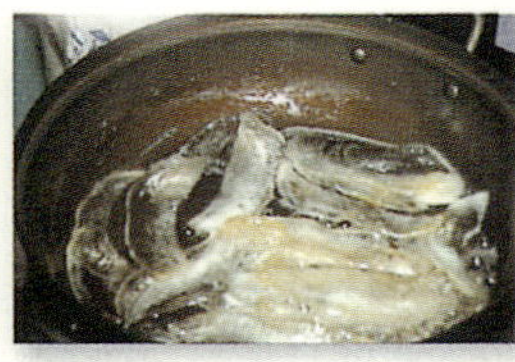

19

6. 만들어진 더덕전과를 꺼내어 요지를 이용해 검은깨를 발라서 장식한다.

연근전과

■ 필요한재료

● 연근 400g, 설탕 240g, 물엿 8TS, 물, 식초

만들어 보세요

1. 연근은 껍질을 벗긴후 8㎜ 정도로 썰어서 끓느 물에 식초넣고 끓인다.(연근이 거의 익을때까지 끓인다.)
2. ①을 건져서 찬물에 씻고 냄비에 설탕, 연근이 잠길 정도의 물을 붓고 끓인다.

3. 시럽이 끓으면 불을 약하게 놓고 윤기가 나게 졸이는데 국물이 거의 없어질 무렵에 물엿을 넣고 쫄깃쫄깃하게 조린다.
4. 전과가 다 되었으면 꺼내어 설탕을 바른다.

알아두세요

● 연근전과는 아스파라긴산, 터록신 등의 아미노산이 들어 있으며 비타민 C도 많이 함유하고 있다. 피로회복, 니코틴 해독작용을 하여 위궤양, 천식에 좋고 미용건강식, 성인병 예방과 치료에 효과가 있다고 한다.

새우포

■ 필요한재료

● 새우, 소금 2TS, 생강 1쪽, 소금 2TS, 밀가루 1TS, 물, 호박씨, 물엿

만들어 보세요

1. 새우를 손질하여 머리와 수염, 껍질을 벗긴후 옅은 밀가루풀을 쑤어 소금과 생강을 넣고 살짝 익혀준다.

2. 통기가 잘되는 채반에 ① 을 올려놓고 말리면서 밀대로 평편히 눌러준다.

3. 새우가 잘 마르면 대추, 호박씨 등으로 장식한다.

알아두세요

● 새우는 칼슘, 단백질이 풍부하고 지방은 매우 적어 성인병 예방에 좋다.

대추초

■ 필요한재료

● 대추 30알, 은행 20알, 수삼 2뿌리, 설탕, 물엿, 계피가루

만들어 보세요

1. 대추를 손질하여 갈라서 씨를 뺀다.
2. 은행은 소금물에 2시간 정도 담구었다가 물기없이 건져서 파랗게 볶는다.
3. 수삼은 대추 크기로 자른다.
4. 설탕, 물엿, 계피가루를 섞어 은근히 조린다음
5. 은행이나 수삼을 씨뺀 대추에 넣고 은근히 조린다.

알아두세요

● 대추 열매는 약용, 식용으로 이용된다. 주 성분은 당질로 근력을 세게 해준다. 철분도 많이 함유하고 있어 빈혈 예방에도 좋다.

은행꼬지

■ 필요한재료

●은행, 소금, 식용유, 요지

■ 알아두세요

●은행은 좁혀진 혈관을 확장시키고 혈관의 경련을 막아주며 혈액응고를 지연시키는 작용을 한다. 고혈압 · 동맥경화 · 뇌졸증의 예방, 구충의 효과가 있다. 은행을 볶을때는 소금을 첨가해야 냄새도 덜 나고 은행산(銀杏酸)을 중화시킨다.

만들어 보세요

1.팬에 식용유를 약간 넣고 불을 켠다.

2.소금을 적당히 뿌리고 중불에서 은행을 볶는다. (은행을 소금물에 담구었다가 2시간 정도 후에 볶아도 된다)

3.요지에 은행을 세 알 정도 꿰어서 구절판에 담는다.

잣꾜지

■ 필요한재료

● 잣 1C, 붉은 실, 가는 바늘, 잣잎(솔잎)

■ 알아두세요

● 잣은 고급 불포화지방산(不飽和脂肪酸)이 다량 농축되어 있고 비타민 A, 비타민 B_1, 비타민 B_2, 비타민 C, 철분 등이 함유되어 있다. 잣은 탈모(脫毛), 불임(不妊)을 막고 성인병을 예방할 수 있고, 또한 식욕을 촉진시키며 양기를 증강시키므로 회복기의 환자에게 좋다.

만들어 보세요

1. 잣은 고깔을 떼고 된 찹쌀풀을 준비한다.

2. 잣잎이나 솔잎 끝이 찹쌀풀을 묻히고 잣의 구멍에 꿴다.

3. ①을 5개씩 모아서 붉은 실로 엮어준다.

2. 구절판

다시마튀각

■ 필요한재료

- 다시마, 잣, 찹쌀풀

■ 알아두세요

- 다시마는 칼슘, 라미닌, 알긴산, 비타민 B_{12} 등의 성분이 많이 있는 대표적인 알카리성 식품이다. 특히 라미닌은 혈압을 내리는데 큰 효과를 주고 비타민 B_{12}는 악성빈혈에도 효과가 있고, 해독작용을 하여 간의 기능을 강화해 주기도 한다.

만들어 보세요

1. 다시마를 물에 적셔 촉촉히 한후 길이 10㎝ 폭 0.8㎜로 자른다.

2. ①을 매듭지어 묶으면서 매듭부분에 찹쌀풀을 묻힌 뒤 잣을 끼워둔다.

3. 다시마 매듭을 바짝 말리어서 150℃의 끓는 기름에 튀긴다. 다시마 매듭을 튀길때는 쇠소쿠리에 담아서 한꺼번에 재빨리 튀긴다.

4. 설탕가루를 튀겨진 다시마 매듭에 뿌린다.

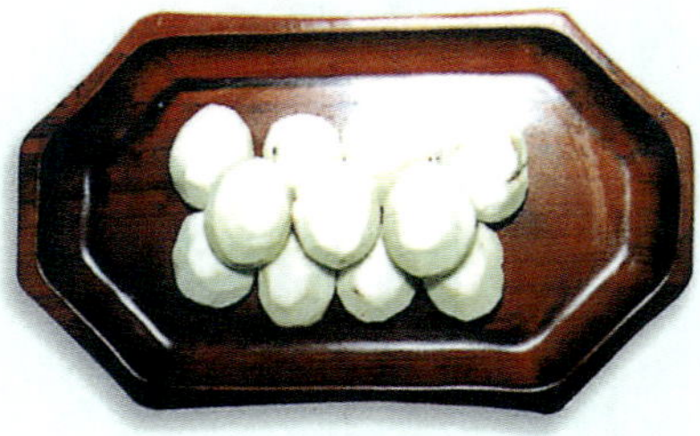

생율깎기

■ 필요한재료

●밤10개, 식초, 뜨물

■ 알아두세요

●밤은 단백질, 탄수화물, 지방, 무기질, 비타민 등 오대 영양소가 골고루 함유되어 있는데, 밤에 함유되어 있는 탄수화물 중에는 위벽을 튼튼하고 위장 기능을 강화하는 성분이 들어있다. 그래서 예로부터 배탈이 나거나 설사가 심할때 군밤을 먹이도록 하기도 한다.

만들어 보세요

1.밤을 겉껍질과 속껍질을 벗겨서 위아래를 모양있게 깎은후 식초 섞인 쌀뜨물에 30분이상 담구어 놓으면 색이 변치 않는다.
(구절판 중앙에 담으면 보기좋다.)

3. 닭고임/대추고임

닭고임

■ 필요한재료

●닭2마리, 마늘즙, 생강즙, 소금, 흰후추, 청주, 묶을 실, 요지, 대추, 잣, 파슬리, 계란3개, 가시오이 2개, 석이버섯 20g, 은행 1C, 메추리알 30개, 홍당무 1개, 물엿(시럽), 밤

■ 알아두세요

●호남지방에서는 닭의 장식을 오징어 오림으로 하기도 한다. 이때는 오징어에 닭의 기름이 베이지 않도록 닭의 몸통에 은박지를 덮고 오징어를 씌운다. 오징어에 은박지를 씌울때는 문구용 핀을 이용한다.

만들어 보세요

1. 닭은 마늘, 생강, 소금, 흰후추, 청주로 밑간한 후 실로 묶어서 고정시키고 찜통에서 30분정도 쪄낸다.(실이 헐거워지면 요지로 실을 돌려서 팽팽히 한다. 나중에 쪄낸 닭이 완전히 식은후 묶은 실을 풀어야 한다.)

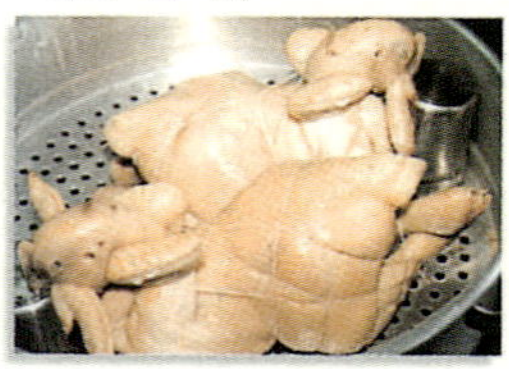

2. 계란지단, 오이, 홍당무, 석이버섯은 고명용으로 준비한다.

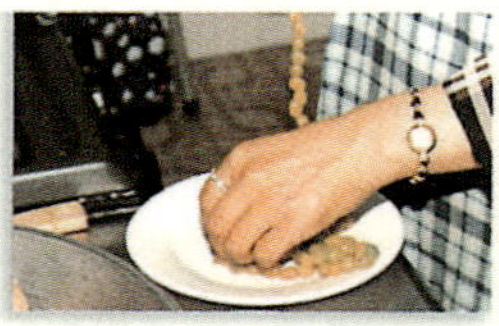

3. 은행은 볶아서 껍질을 벗겨놓고 메추리알은 삶은후 껍질을 벗기고 흰실로 꿰어 놓는다.

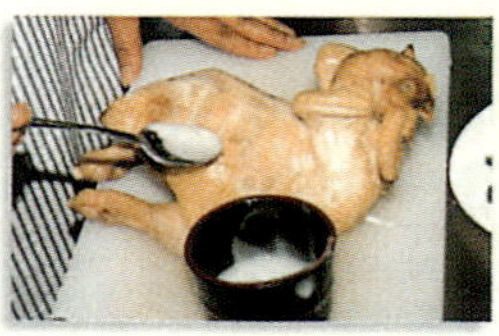

4. 닭 담을 목기 바닥에 밤·대추를 깔고 ①의 닭을 올려놓고 물엿(시럽)을 바른후 장식을 한다.(이때 고명의 길이는 닭의 몸통길이보다 길어야 한다.)

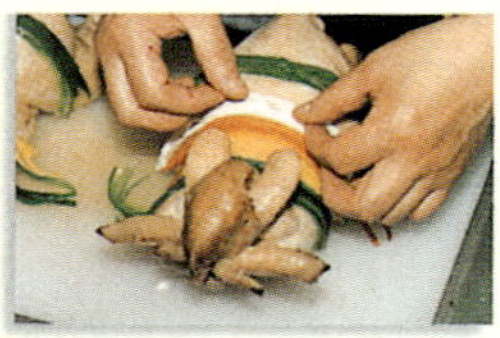

3. 닭고임

닭고임

대추고임

대추고임

■ 필요한재료

●대추 약 6되, 밤 약 5되, 잣 2C,붉은실, 대바늘, 비닐봉지 1개, 식용유 약간, 정종, 보온밥솥, 오징어 오린것

만들어 보세요

1.대추는 깨끗이 씻어서 수분을 닦아준 후 보온밥솥에서 정종을 넣고 "보온"에서 30분정도 둔다.(각회사의 제품마다 시간이 다를 수 있다.)

2.①을 꺼내어 마른수건으로 닦은후 5m정도의 붉은 실에 잣과 함께 하나하나씩 꿰어준다.(이때 실이 가늘면 대추가 꼬여지므로 가늘땐 2~3겹으로 한다.

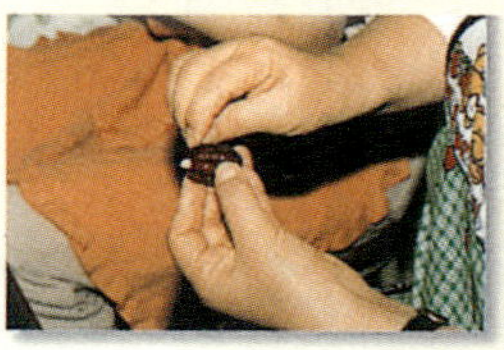

3.밤은 씻은후 수분을 닦아준 다음 비닐봉지에 담고 식용유로 문지른다.

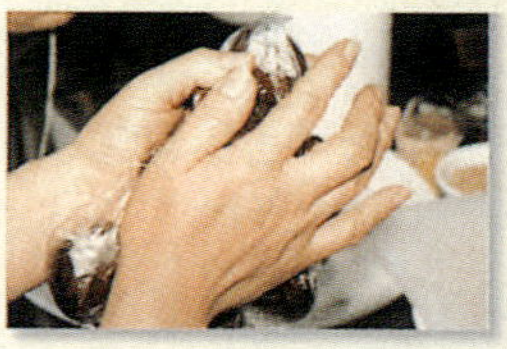

4.목기(木器)에 요지를 이용하여 탄탄하게 ②를 쌓아준다.

5.대추를 고일때는 처음 1단부터 5단까지는 똑같이 쌓고 5단이후부터는 안으로 들어가면서 쌓아야 자연스러운 모양이 된다.

6.밤, 대추를 ⑤안에 넣어주면서 13단 정도로 쌓는다.

7.맨위에 잘생긴 밤을 올려놓고 오징어 오린것(새모양으로 2마리)을 마주보게 요지나 핀으로 끼워둔다.

8.청 · 홍실로 윗부분을 장식한후 홍색이 바깥으로 보이게 보자기로 싼다.

의혼

먼저 신랑집과 신부집이 서로 사람을 보내서 상대편의 인물, 학식, 형제관계, 인품 등을 조사하고 신랑, 신부의 궁합을 본 다음 두 집안간에 합의가 되면 허혼하는 것이니 이것을 의혼이라한다.혼인을 의논할때에는 그 사위나 며느리가 될 사람의 품행과 그 집안의 가법이 어떠한가를 조사해 볼 것이고, 그 집의 부귀나 빈천에는 구애되지 말아야 한다. 사위될 사람이 유능하다면 지금은 아무리 빈천하더라도 장래에는 부귀하게 될 수도 있는 일이다.
며느리는 그 집의 성쇠를 좌우하게 되므로 만일 한 때의 부귀만을 탐내서 혼인을 한다면 여자는 그 부귀를 미끼로 남편을 얕보고 시부모에게 공손치 못하게 된다. 그리하여 그 교만하고 미련한 성질이 자라서 다음날의 근심거리가 되기 쉽다. 혹 며느리의 재물로 부자가 되고, 며느리 집의 세력을 빌어서 귀하게 될지라도 진정한 장부다운 지기가 있다면 이것을 부럽게 여기지 않을 것이다.

사주

신랑의 생년월일시를 적은 단자
말아 접어 싸리가지를 쪼개서 복판을 물리고, 청실홍실로 위 아래를 감고 다시 청홍으로 안팎을 한 사주보로 싸서 보낸다.

궁합

궁합은 역법에 근거하여 사주팔자를 맞추어 보아 두 사람의 성격, 재산, 자손 등 길흉화복을 점치는 것으로 십이간지와 음양오행의 원리를 조합하면서 좋고 나쁜 것을 따진다. 그리고 나서 사주팔자와 위의 길흉법을 맞추어 좋은 것보다 나쁜 것이 중복되거나 수치가 높으면 궁합이 맞지 않는 것으로 판단한다. 모두가 다 좋을 수는 없으므로 3:1의 비율로 좋은 쪽이 많으면 합격점이 된다.

함

멜빵을 걸어 지고 다닐 수 있게 된 귀중품을 넣는 그릇.
신랑측에서 보내는 채단, 예단(비단)과 혼인을 원하는 혼서지를 넣어 복많은 사람을 시켜 전한다.

목안, 전안

나무로 깎은 기러기를 보로 싸고 근봉이라고 쓴 종이를 물려서 상위에 놓고 신랑의 배례가 끝나는 즉시로 신부처소에 가져다 신표로 전하는 것.

신행

신부가 시가에 오는 것을 의미한다.

재행

신랑이 대례를 치른 다음날 처가에 가서 장인, 장모를 뵙는 것을 의미한다.

근친

신부가 시집에서 한동안 살다가 첫번째 친정 어버이를 뵈러 가는 것을 의미한다.

혼함보내기

신랑집에서 혼함속에 혼물을 넣어서 신부집으로 보낸다. 혼물 가운데서 가장 소중한 것은 신부혼례복인데 이 옷을 〈신부웃옷〉이라고 일컫는다. 초록 저고리 분홍치마 한벌이 〈신부웃옷〉이 된다.

잔치꾼

혼인대례를 지켜보기 위하여 모여든 사람을 범칭 잔치꾼이라고 일컫는다.

나무기러기

나무로 만든 기러기를 나무기러기라고 일컫는다. 그리고 소식을 전하는 새를 전령조라고 일컫기도 하고, 소식새라고 일컫기도 한다. 기러기가 소식새인데, 북쪽을 날아가는 소식새가 기러기로 된다. 북쪽하늘에 걸려 있는 아홉별 쪽으로 날아가는 것이다.

북쪽아홉별

북쪽 하늘에 걸려 있는 아홉별을 북위구성이라고 한다. 북두칠성 윗쪽에 두 별이 있는데, 이 별을 자미성이라고 부른다. 이들 아홉별을 북위구성이라고 일컫는다. 이들 아홉별이 하는 일이 무엇인고 하니, 남편, 아내 두사람이 헤어지는 일이 없이 백년을 함께 늙어가도록 만드는 일이 북위구성이 하는 일로 되어있다는 것을 의미한다.

표주박

수박은 땅위에서 자라고 박은 초가지붕위에서 자란다. 박을 자르면 바가지 두 개가 된다. 작은 박을 조롱박이라고 일컫는데 그 조롱박을 자르면 표주박 두 개가 된다. 신랑이 표주박 하나를 가지고 있고, 신부가 표주박 하나를 가지고 있다는 것은 참으로 훌륭한 짜임새였다. 표주박은 "세상에서 짝은 오직 하나뿐"이라는 뜻에서 유래되었다.

사주(四柱)

혼인할 신랑, 신부의 사주를 오행에 맞추어 보아서 길흉을 점치는 방술

함진아비

신랑집에서 채단, 혼서지(신랑의 성명과 생년월일을 적은 종이) 등을 넣어 신부집으로 보내는 함을 지고 가는 사람을 의미한다.

우귀

신행이라고도 하여 신부가 정식으로 신랑집에 입주하는 것을 의미한다.

소품사진

여문자씨 소장품

"이바지"

"이바지"의 어원은 '서로에게 도움이 되게 한다'에서 나온 말로, 이바지 음식은 사돈간에 예의를 표시하기 위해 준비하는 음식이니 서로의 형편에 따라 정성들여 준비하느 것이 바람직하다. 보통 전(煎), 육류, 해산물, 과일, 떡, 한과 등이 있다.

이바지 음식은 예로부터 전해오는 혼례를 치른후에 친정집에서 시댁으로 갈때 친정 어머니가 시댁에 보내는 음식을 말하는 것으로 이렇게 친정에서 음식을 해 보내면 시댁에서도 그에 대한 보답으로 얼마간의 음식을 해 보내어 사돈간의 정을 주고 받는 아름다운 미덕을 느낄 수 있는 풍습이다.

이바지 음식은 그 집안의 솜씨와 가풍이 드러나는 것으로 집안에 따라 음식의 가지수와 조리법은 다르다. 이바지 음식의 기본항목은 전(煎), 육류, 해산물, 과일, 떡, 한과 등이다. 여기에 다른 특별한 음식을 더 추가하기도 한다.

이바지 음식은 보기 좋은 것이 맛이 좋다고 음식을 담는 그릇에도 신경을 써야하는데 정갈한 대바구니나 전통용기에 담아 보자기로 얌전하게 싸도록 한다. 또 신부의 어머니가 사돈지라는 편지를 동봉하는데 문안인사와 부족한 딸을 아껴주고 가르쳐 달라는 사연을 적는다. 시어머니가 이런 이바지 음식을 받으면 그 답례로 며느리에게 큰 상을 내렸고 이 음식의 일부를 다시 친정에 보내는 것이 바른 예절이다.

익혀서 보내는 것이 원칙이라고 한다. 이바지 음식을 준비할때는 보통 20~30인을 기준으로 만들며 음식교류를 통해 사돈간의 음식풍속을 익히고 정이 오갈 수 있도록 성의있게 마련해야 한다.

달걀지단

달걀을 노른자와 흰자로 나누어 소금을 약간 넣고 거품이 일지 않도록 잘 저어 얇게 펴서 부친다. 식은 다음에 채 썰거나 마름모 꼴로 썬다. 채 썬 것은 나물류에, 마름모꼴은 탕, 만두, 찜 등에 사용한다. 줄알은 달걀을 풀어서 소금과 후추가루를 약간 넣고 끓는 물이나 고기국물에 넣었다가 재빨리 끓이는 것으로 국수, 탕의 꾸미로 사용된다. 달걀지단은 노란색부터 먼저 지져내고 다음에 흰자를 지진다.

알쌈

1.소고기를 다져서 양념한 후(소금, 후추, 마늘) 콩알만큼씩 둥글게 빚어 번철에 지져 소를 만든다.
2.달걀을 황백으로 나누어 번철에 500원짜리 동전 크기 만큼씩 떠 넣은 다음 너무 익기전에 소를 놓고 반 접어 반달 모양으로 지진다.

소고기 완자

소고기를 곱게 다져서 소금, 설탕, 파, 마늘다진것, 후추, 참기름으로 양념하여 은행알 만하게 빚어 밀가루 입히고 달걀을 씌어서 번철에 기름을 두르고 굴러가며 지진다.

소고기 고명

소고기를 가늘게 채쳐서 양념하여 볶은후 사용

미나리 초대

미나리의 잎과 뿌리를 떼어내고 줄기만 가지런히 하여 약 10㎝내외로 잘라 3줄기 정도를 산적꼬치에 끼운다. 여기에 밀가루를 묻히고 달걀을 씌워 번철에서 슬쩍 지져낸다.

버섯

1.표고-얇게 포를 떠서 채친다.
2.석이버섯-깨끗이 씻어 돌돌 말아서 채치거나 바싹 말려 곱게 빻아 가루로 만들어 달걀 흰자에 섞어 지단을 부쳐 마름모 모양으로 썬다.

고추

물고추를 말려서 씨를 뺀 다음 돌돌 말아 채썬다.

국화잎, 감잎

잎을 씻어 녹말을 묻혀 끓는 물에 데친다음, 찬물에 헹궈 채반에 건져 고명으로 쓴다.

1. 모둠전

- 깻잎전
- 피망전
- 호박전
- 표고전
- 완자전
- 연근전
- 물오징어전
- 대하전
- 굴전

모듬전

모듬전

(깻잎전,피망전,호박전,표고전,완자전)

■ 필요한재료

소고기 100g, 돼지고기 200g, 깻잎, 피망, 호박, 표고, 소금 1ts, 후추, 두부 200g, 참기름 1ts, 파 다진것 1TS, 마늘 다진 것 1TS, 깨소금 약간, 계란 10알, 밀가루 2C

■ 알아두세요

전(煎)은 저냐, 전유어(煎油魚), 전유화(煎油花)라고도 하는데, 육류, 어패류, 채소류 등의 재료를 얇게 저미거나 다져서 밀가루를 바르고, 소넣고 다시 밀가루 바르고 달걀물에 씌어서 후라이팬에 양면으로 부친 음식을 말한다.

만들어보세요

1.깻잎은 가위로 똑같은 크기로 자르고,

2.피망은 2㎜두께로 링으로 자르고,

3.호박은 사과씨빼기로 가운데를 파낸후 2㎜두께로 썰어서 소금에 살짝 절인 다음 마른 수건으로 물기를 없애준다.

4.표고는 둥글고 작은것을 준비하고 버섯의 두께가 두꺼우면 포를 떠내서 기둥과 함께 다진다음 표고에 칼집을 넣어 모양을 낸후 슬쩍 데친다.

5.곱게 다진 두부와 소고기, 돼지고기를 섞고 ①, ②, ③, ④의 남은 부분도 모두 다지며 밀가루, 다진양파, 소금, 후추를 섞는다.(남은것을 모두 섞어야 맛도 있고 양도 많아진다)

6.깻잎, 피망, 호박, 표고에 밀가루를 묻히고 ⑤를 얇게 넣은후 다시 밀가루와 계란을 묻혀 팬에 지져낸다.

7.전을 지지고 남은 것을 둥글게 완자를 빚어 완자전을 만든다.

■ 조리 point

- 팬의 바닥을 깨끗이 한 다음 식용유 두르고 가열후 은근히 지져야 한다.
- 밀가루는 약간 묻히고, 달걀은 잘 풀어서 재료에 입혀야한다.
- 자주 뒤집지 말고 한쪽이 익은후에 또 한쪽을 익히고 수시로 팬을 깨끗이 하며 부친다.
- 껍질이 있는 모듬전부터 부치고 나머지로 완자전을 부쳐야 재료가 남지 않는다.

연근전

■ 필요한재료

● 연근 400g, 소고기 다진것 50g, 계란 2개, 파 1/2뿌리, 마늘 3쪽, 생강 2쪽, 양파, 식초, 소금, 밀가루 5TS, 식용유

■ 알아두세요

● 연근은 아스파라긴산, 더록신 등의 아미노산이 들어 있으며 비타민-C, 비타민 B-12도 많이 함유하고 있다. 피로회복, 니코틴 해독작용을 하며 위궤양, 천식에 좋고 미용건강식, 성인병 예방과 치료에 효과가 있는 것으로 알려지고 있다.

만들어 보세요

1. 연근을 껍질 벗긴후 4㎜정도로 썰어 끓는 물에 식초 넣고 데쳐낸다.(식초를 넣고 데쳐야 연근의 색이 변하지 않는다.)

2. 소고기와 파, 마늘, 생강, 양파를 다져서 소를 준비한다.

3. 연근 구멍에 밀가루를 바르고 ②의 소를 안에 넣는다.

4. 소를 넣은 연근 앞, 뒷면에 밀가루를 바르고 계란을 입힌후 중간불(中火)에서 은근히 익힌다.

물오징어전

■ 필요한재료

● 물오징어 1마리, 소고기 다진것 50g, 계란 2개, 양파, 파, 마늘 3쪽, 생강1쪽, 두부 30g, 붉은 고추, 소금, 후추

만들어 보세요

1. 물오징어는 껍질을 위에서 아래방향으로 벗긴다.

2. 몸통의 가운데를 칼로 가르고 내장을 뺀후 몸통 안쪽에 사선으로 엇썰어서 끓는 물에 데쳐 놓는다.

3. 소고기와 양파, 파, 마늘, 생강을 다져서 섞으고 두부도 곱게 으깨어 섞어준다. 소금, 후추로 밑간을 해놓는다.

4. 모양낸 오징어를 1㎝정도로 자르고 안쪽에 밀가루를 바른후 ③을 꽉차게 넣어준다.

5. 밀가루를 ④의 위, 아래면에 바르고 계란물을 입혀서 팬에서 지져낸다.

대하전

■ 필요한재료

● 대하 4마리, 깐새우살(혹은 소고기 갈은것 50g), 양파 다진것 3TS, 계란 2개, 밀가루 1TS, 마늘 다진것 1/2TS, 생강다진것 1/4TS, 식용유, 고명(계란 황백지단, 석이버섯, 붉은 고추)

만들어 보세요

1.새우는 손질하고 배를 갈라 살을 발라낸후 곱게 다진다.

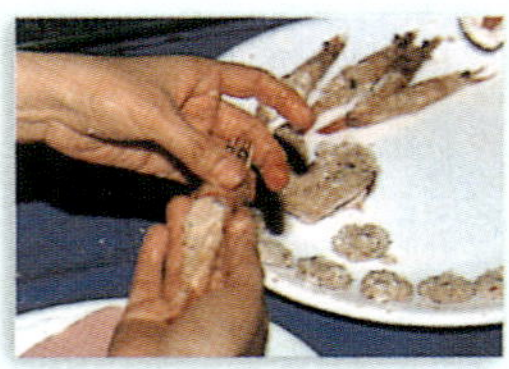

2.깐 새우살이나 소고기를 다져서 양파, 마늘, 생강 다진것과 섞는다.

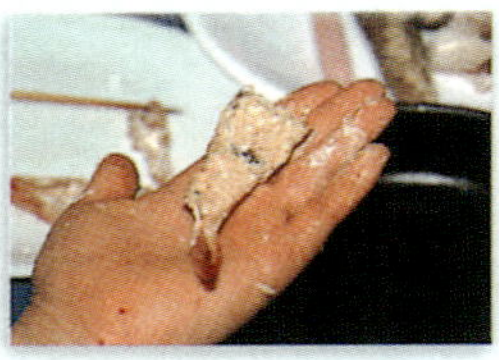

3.새우의 몸껍질에 밀가루를 바르고 ②를 넣어준후 다시 밀가루를 바르고 계란물을 입힌 다음 달구어진 팬에서 은근히 익힌다.

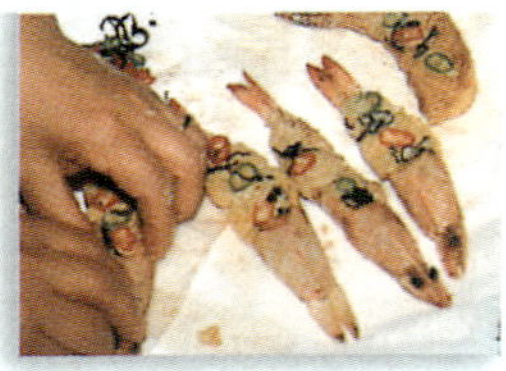

4.새우의 머리를 끼우고 고명을 준비하여 장식한다.

굴전

■ 필요한재료
● 굴 400g, 소금 2TS, 계란 3개, 밀가루 1C, 생강즙 1TS

■ 알아두세요
● 굴은 아미노산, 칼슘, 철분, 비타민이 다량 함유되어 있고 간을 보호하고 튼튼하게 해주며 영양, 미용식에 좋다.
굴은 11월~4월 사이에 채취한 것이 맛이 가장 좋다.

만들어 보세요

1. 알이 굵고 큰 굴을 준비하여 소금을 뿌려서 해캄을 제거하고 물로 1번 씻어서 소쿠리에 담아 물기를 제거한다.

2. 계란을 터뜨려 보울에 담아 잘 풀어 놓는다.

3. 굴을 1~2개씩 모아서 밀가루를 입히고 계란물에 적셔서 전을 부친다.(계란은 흰자와 노른자를 분리하여 전을 부치기도 한다)

전통혼례의 절차

■ 의혼(議婚)

: 신랑집과 신부집에서 중매인을 놓아 결혼의사를 타진하고 혼사를 의논하는 절차로 양가의 가문, 학식, 인품 등을 보고 궁합을 본후 혼인여부를 정함.신랑집에서 청혼서를 보내면 신부집에서 허혼서를 보내 의혼이 된다. 이 과정에서 양가 부모만이 신랑,신부의 선을 보고 당사자들은 서로 얼굴을 몰랐다.

■ 납채(納采)

: 의혼에 의해 혼약이 이뤄지면 신랑집에서 四柱를 보내고 신부집에서는 결혼날짜를 정하는 연길(捐吉)을 청하게 된다.

⊙ 사주보내기-신부집에서 허혼서가 오면 신랑집에선 신랑의 사주를 육십갑자의 干支로 표기하여 納采文과 함께 청홍보에 싸서 신부집에 보낸다. 납채문은 결혼일자를 정하여 회신해 달라는 내용이다.

⊙ 사 주 쓰 기-가로 한자세치(40㎝), 세로 9치두푼(28㎝)의 백지에 5칸이 되도록 접어 가운데 신랑의 간지를 쓴다. 사주를 접어 들어갈 수 있는 백지 봉투에 풀을 붙이지 않고 뚜껑을 접고 앞에는 사주, 뒤에는 근봉이라 쓴다. 사주봉투 중앙에 싸리가지를 끼우고 청홍실로 엮어 사주보에 싼다. 사주보는 청홍겹보로 겉이 홍색이 오게 싼다.

⊙ 연　　길-신부집에서는 사주를 받고 신랑·신부의 운세를 보아 좋은날을 받아 혼인날을 정하여 편지와 함께 연길을 신랑집에 보낸다. 이때 신랑의 의복 치수를 알려달라는 내용의 편지도 같이 보낸다.

⊙ 의　제　장-신랑의 의복치수를 적어놓은 종이

■ 납폐(納幣)

: 연길과 의제장을 보내는 절차가 끝난뒤 신랑집에서 혼인전날 신부집에 혼수와 혼서, 혼수물목을 적어 신부집에 보내는 의식으로 혼서는 신부에게는 무척 소중한 것으로 일부종사의 의미로 일생동안 간직했다가 죽을때 관속에 넣어 가지고 간다고 한다. 신랑집이 어려울 경우 혼서와 함께 채단만을 보낸다. 채단은 보통 청색과 홍색의 비단 치마감을 일컬으고 여유있는 집에서는 다른 옷감을 더 넣기도 한다. 요즈음은 함 받는 것으로 납폐를 대신한다.

■ 친영(親迎)·대례

: 신랑이 친히 신부집에 가서 몸소 신부를 맞아 온다는 뜻으로 친영이라 했는데 대례라고도 하며 요즈음의 소위 대례는 전통혼례이다.

⊙ 전안례
⊙ 교배례
⊙ 합근례

■ 우귀(于歸)

: 신부가 신랑을 따라 시댁으로 들어가는 절차

함(函)에 대한 상식

■혼서지양식

(계절 인사) 추운 겨울이 가고 따듯한 봄에
삼가 존체의 만복을 비옵니다
저의 ○男○가 이제 성장하여
귀댁의 따님을 아내로 삼게되니
이는 저의 가문의 큰 영광이옵니다
이제 납폐하는 의식을 드리오니
부디 살펴주시기 바랍니다
날짜(某年 某月 某日)
某貫後人 姓某 再拜

◦혼서지는 72㎝×36㎝로 9칸 접는데 왼쪽부터 접는다.
◦신랑집에서 신부집으로 함에 넣어보내는데 아버지가 안 계시면 백부나 형이 쓴다.
◦봉투에 넣은 혼서지를 쪽빛 가까운 검정비단 겹보에 싸서 謹封띠를 3개 끼운다.
◦謹(삼갈 · 근)封(봉할 · 봉) — 사주보-2개(男女의 2性 뜻) / 혼서보-3개(天 · 地 · 人의 뜻)

■함에 들어가야 할 것들

함은 오동나무함이 가장 좋지만 가격이 비싸고 귀하므로 은행나무함이나 한지에 다홍빛물감을 들인 지함, 나전칠기함 등을 이용할 수 있다. 함 속에 넣어야 할 것으로 먼저 오곡주머니가 있는데 각기 자손과 가문의 번창을 뜻하는 목화씨, 잡귀나 부정을 쫓는 팥, 며느리의 심성이 부드럽기를 바라는 노란 콩, 부부의 해로를 기원하고 질긴 인연을 바라는 찹쌀, 서로의 장래가 길함을 기원하는 향 등을 넣기도 한다. 이는 지방마다 관습이 다르므로 관습에 따라 뜻하는 것들을 넣기도 한다. 오곡주머니는 황랑이라고도 한다.

황랑 위에 청홍양단을 넣는데 음을 상징하는 청단을 먼저 넣고 그 위에 양을 상징하는 홍단을 넣는다. 이때 홍단은 청지로 싸서 홍실로 동심결을 매고, 청단은 홍지로 싸서 청실로 동심결을 맨다. 동심결은 매듭부위를 잡아 당기면 한번에 매듭이 풀리도록 매어야 한다. 이렇게 청 · 홍 양단을 넣은 위에 신랑의 생년월일을 적은 사주를 홍보자기에 싸서 3개의 근봉을 한 후 넣는다. 이때 함에 들어가는 종류를 적은 목록도 함께 넣는다.

혼서지 위에 흔들리지 않도록 싸리나무를 종이로 싸서 올려 놓은 후 쌍가락지를 넣은 주머니를 매어서 보낸다.

함을 보낼때는 청 · 홍 겹보자기를 사용하여 신랑이 신부에게 보내는 것으로 홍색이 바깥으로 나오게 싼 다음 스무마 정도의 무명천으로 함끈을 매게 된다. 함끈 역시 한번만 잡아당기면 매듭이 풀리도록 매듭을 만들어야 하는데 이는 두사람의 앞날이 술술 풀리도록 매듭을 묶지 않는 것이다.

함(函)에 대한 상식

■동심결 매는법

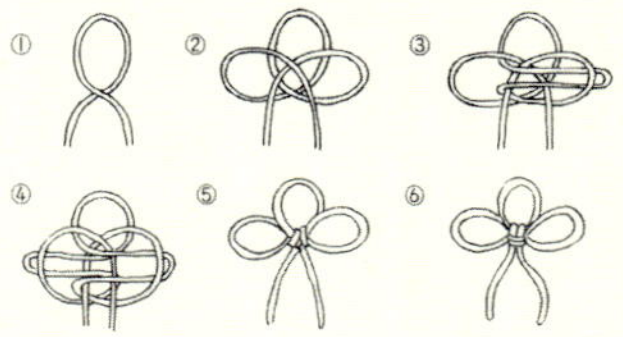

■물목쓰는 법

物目
亥壹段(파랑색옷감)
纁壹段(붉은색옷감)
際
年 月 日
某貫後人 姓某 謹拜

■함에 대한 상식

●함(函)받는법

① 신부집에서는 혼인전날 보내지는 혼수함을 받을 준비를 한다.
(요즘은 양방이 편안한 날에 함을 주고 받기도 한다.)

② 대청(거실)에 자리를 깔고 상을 놓고 빨강보를 덮는다.

③ 위에 시루를 놓을 목판을 놓고 봉치떡을 올려놓는다.

④ 함진아비로부터 함을 정중히 받고 시루에 얹어 마주 절한다. 함진아비는 아들 낳고 부부 금술이 좋은(소위 팔자 좋은 사람) 신랑친구가 지고 가는데 앞으로만 가야지 뒤로 물러서지는 않는다. 큰길로만 가고 청사초롱(훤히 앞길이 트인다는 뜻) 들고 저녁에 지고 간다.

●함(函) 넣는 순서

① 함밑에 백지한지를 깔고

② 그위에 황낭

③ 준비한 예물

④ ③ 위에 청옷감(옷감은 청옷감→홍한지로 싸고→청실로 동심결한다.)

⑤ ④ 위에 홍옷감

⑥ 물목글자가 위에 오게 하고 사주 쓴것 넣고

⑦ 혼서지 넣는다.

●봉치떡

재료 : 찹쌀 3되, 붉은팥 1되, 소금, 대추 9개, 밤 1개(지방마다 대추수가 틀릴 수도 있다. 대추 5개 혹은 7개 넣는 곳도 있음)

방법 : ㄱ.찹쌀로 만든 붉은 팥고물 켜떡을 작은 시루에 안친다.
(찹쌀→붉은팥→찹쌀→붉은팥 順으로)

ㄴ.맨 위에 깎은 밤 1개를 중심으로 9개의 대추를 올려 놓고 찐다.

ㄷ.이 떡은 돌리면 福이 나간다하여 대문밖으로 내보내지 않는다.

●황랑-황낭은 함의 바닥에 놓는 5개의 노란 주머니를 말하는데 이 안에 5종류의 씨앗류를 넣는다.

●함보-◦가로 세로 2m
◦부드럽게 처지는 천으로 준비한다.

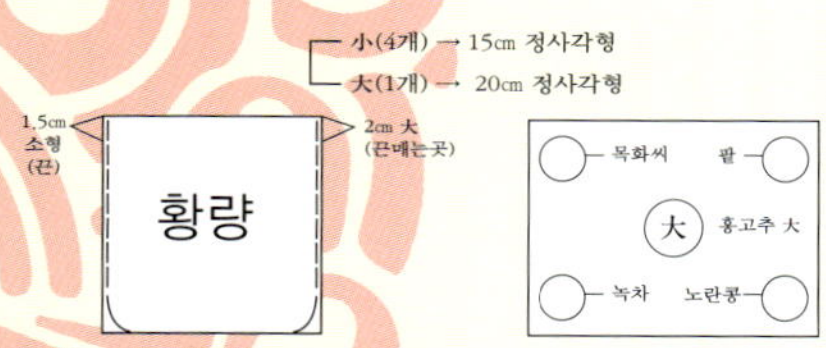

◈ 함안의 황랑위치
◈ 황랑주머니속의 곡식은 지방과 가문에 따라 다르다.

폐백보

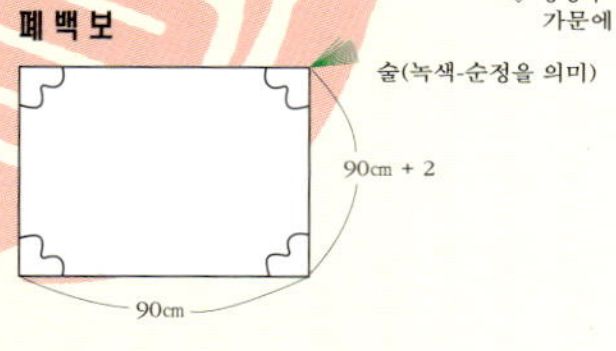

2. 해물류

- 전복초
- 홍문어찜
- 불린해삼완자조림
- 새우찜
- 대합찜
- 도미찜
- 참소라찜
- 북어찜
- 패주산적
- 홍어회

전복초

전복초

■ 필요한재료

● 전복 6개, 은행 6개, 달걀 1개, 실고추 약간, 석이버섯, 상치
조림장 : 간장 2TS, 설탕 1TS, 물 4TS, 청주 1TS, 마늘즙 1TS

■ 알아두세요

● 전복은 필수아미노산, 칼슘, 비타민 B_1, 비타민 B_2, 비타민 A, 비타민 C, 인 등을 많이 함유하고 있어 간의 기능을 원활하게 해주고 빈혈을 예방하며 특히 임산부의 회복기에 매우 좋은 식품이다. 전복의 내장은 영양이 풍부하므로 젖을 담가 먹거나 죽을 만들기도 한다. 전복은 10~11월께가 산란기이므로 여름철에 맛과 향기가 뛰어나다.

만들어 보세요

1. 전복은 깨끗이 씻어 놓고(솔로 문지른다) 속을 떼고 내장을 없앤다.

2. ①의 안쪽에서 어슷하게 칼집을 넣는다.

3. 냄비의 물이 끓으면 전복을 넣고 살짝 데친다.(전복을 오래 익히면 질겨지고 맛이 저하되므로 살짝 데치는게 좋다.)

4. 냄비에 간장 2TS, 설탕 1TS, 물 4TS, 청주 1TS, 생강즙 1TS, 마늘즙 1TS 넣고 끓여서 농도가 1/2정도로 줄면 전복을 넣어 윤기나게 살짝 조린다. 은행은 파랗게 볶는다.

5. 달걀은 황백으로 지단내어 얇게 채치고 석이버섯도 채를 곱게 쳐서 볶는다. 전복껍질에 상치를 깔고 ④와 은행, 황백지단, 석이채, 실고추를 올려놓는다.(전복초의 장식은 전복이 보이게끔 약간만 한다.)

홍문어찜

■ 필요한재료

● 홍문어 2㎏, 마늘즙, 생강즙, 간장 4TS,청주 2TS, 검은 설탕 2TS(커피 1TS), 계란 2개, 붉은 고추 1, 푸른 고추

만들어 보세요

1.소금으로 해캄을 제거후 먹통 주머니와 내장을 제거한다.

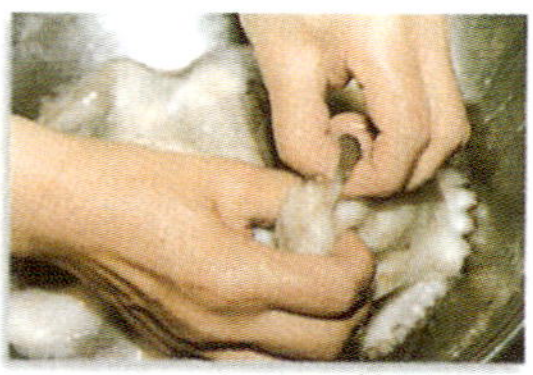

2.끓는 물에 살짝 데쳐서 건진 후 준비한 양념장을 끓여서 수저로 뿌려준다. 문어는 오래 삶으면 질겨지므로 끓는 물에 슬쩍 데치기만 한다.

3.계란을 황 · 백으로 나누어 지단채를 만들고 청 · 홍고추를 채쳐서 찬물에 담구었다가 건진다.

4.문어를 모양있게 만들고 지단채와 고추로 장식하여 완성한다.

홍문어찜

전복초+대하

불린해삼 완자조림

■ 필요한재료

● 불린해삼 2마리, 소고기 갈은것 50g, 파, 마늘, 생강, 후추, 밀가루 1TS, 소금, 식용유, 조림장(간장 3TS,설탕 1TS, 청주 1TS, 물 2TS), 실, 고명(계란 황백지단, 석이버섯, 붉은 고추)

■ 알아두세요

● 해삼은 칼슘, 아미노산이 풍부하고 동맥경화를 예방하며 세포의 노화를 방지해 준다.

만들어 보세요

1.가늘고 길다란 불린 해삼을 준비하여 깨끗이 씻은 후 밑간하고 소고기에 갖은 양념을 하여 속을 준비한다.

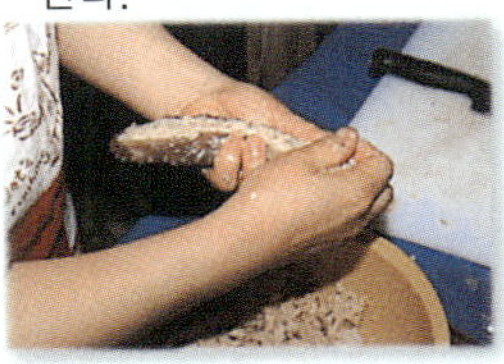

2.①의 안쪽에 밀가루를 바른후 양념한 소고기를 꼭꼭 넣은후 실로 묶는다.

3.조림장을 끓이다가 ②를 넣고 은근히 졸인다.

4.불린 해삼을 꺼내어 식힌 후 해삼위에 고명을 올려 놓고 장식한다.

■ 조리 point

※건해삼으로
불린해삼만드는 법

● 건해삼을 하루정도 찬물에 담구었다가 30분정도 삶아 그 물을 따라내고 찬물에 1시간 정도 담근다. 이러한 식으로 3~4번 정도 반복하여 삶은 물은 버리고 배부분에 칼집을 넣어 내장을 꺼낸 후 3~4일 정도 불린다. 해삼을 불리는 동안 기름기가 들어가지 않도록 한다.

새우찜

■ 필요한재료

● 대하, 요지, 소금 약간, 청주

■ 알아두세요

● 새우는 단백질, 칼슘, 무기질, 비타민 A, B1, B2 등이 다량 함유되어 있다. 특히 말린 새우는 단백질의 함량이 생새우보다 5배가량 더 많다.

만들어 보세요

1. 새우 등쪽에 요지를 꽂거나 배쪽에 칼집 넣은후 끓는 물에 소금, 청주 넣고 새우를 데친다.

새우는 끓는 물에 데치거나 열이 오른 찜통에 쪄내야 선명한 붉은 색이 된다.

2. 요지를 빼고 목기에 담는다. (지단채를 만들어 새우위에 올려놓고 랩으로 하나씩 쌓아서 이바지 음식으로 보내기도 한다. 새우를 익히고 나면 요지가 잘 안빠지므로 새우몸통에 손상이 가지 않도록 돌려가며 조심스럽게 요지를 뺀다.)

새우찜

도미찜

■ 필요한재료

●도미 1마리(500g 정도), 홍당무 1/2, 피망(오이) 1개, 계란 2개, 석이버섯 10장, 소고기 50g, 소금 2TS, 정종 약간

만들어 보세요

1.도미는 비늘을 긁고 내장을 뺀후 비늘 방향으로 칼집을 넣어 정종, 소금을 살짝 뿌린다.

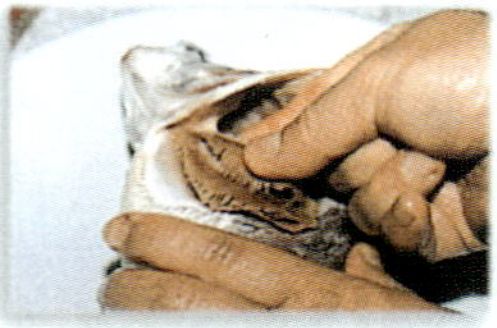

2.계란은 황백지단을 채쳐 준비하고 홍당무와 피망, 석이버섯도 곱게 채쳐 준비한다.(고명거리) 소고기는 채쳐서 불고기 양념한 후 물기없이 볶아낸다.

3.①의 칼집 사이에 도톰한 야채토막을 끼워서 찜통에 쪄낸후 식힌다.

4.③에 고명의 색을 맞춰 끼워 놓는다.

대합찜

■ 필요한재료

● 대합 3개, 소고기 다짐육 100g, 양파 50g, 파, 마늘, 생강, 후추, 밀가루 1TS(빵가루도 좋음), 계란 2개

■ 알아두세요

● 대합찜을 담을 때는 바닥에 굵은 소금을 깔아야 대합이 흔들리지 않는다.

만들어 보세요

1. 대합의 껍질을 솔로 깨끗이 닦은 후 2개로 떼어 놓는다.
2. 대합살을 다진것과 소고기 다짐육, 밀가루 또는 빵가루, 양파를 다진 양념에 버무리고

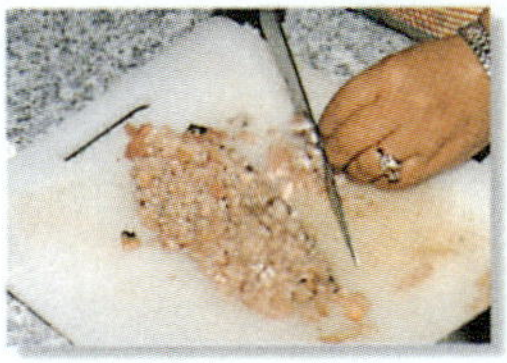

3. ①의 껍질 안쪽에 밀가루를 바른후 평편히 한후에

4. 찜통에 쪄내고 고명을 올려놓는다.

5. 장식은 계란을 지단채를 만들어 올려놓기도 하고 계란물을 흰색, 노란색으로 분리하여 대합위에 발라서 쪄내기도 한다. 또한 계란물을 바를때는 2~3번 덧발라야 색이 선명해진다.

도미+조기

참소라찜

■ 필요한재료

● 참소라 5개, 계란 1개, 실고추, 소스(홍문어와 동일)
소스 : 간장 3TS, 설탕 1TS, 마늘즙 2ts, 생강즙 1ts

만들어 보세요

1. 솔로 참소라 껍질을 깨끗이 씻은후

2. 끓는 물에 넣고 데친다.

3. 젓가락으로 소라의 살을

빼고 단단한 껍질은 없앤다. 소스에 살짝 조린다.

4. 소라 껍질을 완전히 거꾸로 들어 안의 물기를 뺀다. ③의 내장을 뺀후 다시 소라껍질 속에 담는다.

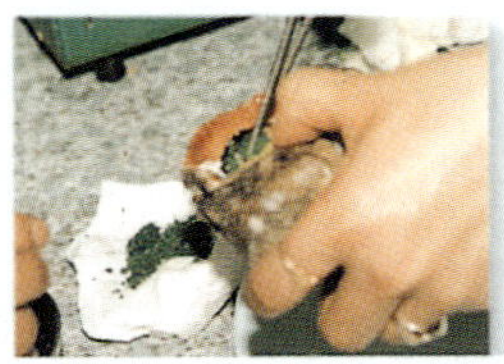

5. 계란, 지단채, 실고추를 올려 놓고 랩으로 싼다.

북어찜

■ 필요한재료

● 북어 2마리(400g 정도), 간장 4TS, 물 2TS, 참기름 1/2TS, 파, 마늘, 생강, 실고추, 설탕, 통깨, 고추가루

만들어 보세요

1. 북어는 물에 불렸다가 지느러미와 잔가시를 제거한다.

2. 양념장을 준비하여 북어 하나하나에 바른다. 북어는 황태가 좋다.

알아두세요

● 북어는 예로부터 우리나라 음식상에 자주 오르내리는 재료이다. 북어는 저칼로리, 고단백질의 생선으로 피를 맑게 해주고 머리를 상쾌하게 하는 성분이 있고, 간의 기능을 원활하게 해준다. 관혼상제의 음식엔 술에 꼭 들어가는데 술의 해독을 북어가 해결해주니 우리 조상님들의 삶의 지혜를 엿볼 수 있다.

● 이바지 음식으로 북어찜을 보낼때 고추가루가 너무 많이 들어가면 음식이 경박해보이므로 고추가루의 양을 적절히 사용한다.

패주산적

■ 필요한재료

●패주 4, 홍피망 1, 푸른피망 1, 꼬치, 생강즙, 소금, 참기름, 청주

■ 알아두세요

●패주는 청정해역의 '키조개'에서 채취한 것으로 기둥모양으로 생겼다해서 조개 패, 기둥 주자를 써서 패주라고 불리운다. 철분과 칼슘의 함량이 매우 높다.

만들어 보세요

1. 패주를 손질하여 소금물에 깨끗이 손질한다.
2. ①을 두께에 따라 3~4등분하여 포를 얇게 뜬다.
3. 생강즙, 소금, 청주를 패주에 묻혀서 양념한 후 참기름을 살짝 바른다.
4. 홍피망, 청피망은 반으로 갈라 속을 털어낸 후 패주 길이보다 약간 짧게 썬다.
5. 꼬치에 색을 맞춰 패주와 청, 홍피망을 꽂고 후라이팬에 기름을 두르고 뜨거워지면 패주꼬지를 앞뒤로 살짝 지져낸다.

■조리 point

● 패주는 가열되면 길이가 줄어드므로 패주산적을 할때는 야채보다 길게 자른다.

● 패주는 나비모양으로 포를 떠서 전으로 만들기도 한다.

홍어회

■ 필요한재료

- 홍어 2㎏, 배 1/2, 무 200g, 파 3뿌리, 미나리 10줄기, 오이 1개, 도라지 200g, 식초, 막걸리, 고추가루, 소금, 마늘 6쪽
- 양념장 : 간장 1TS, 청주 2TS, 고추장 2TS, 고추가루 3TS, 설탕 3TS, 식초 5TS, 깨소금, 생강 1ts, 마늘, 파, 물엿 3TS

만들어 보세요

1. 홍어를 껍질 벗겨 0.7㎜ 정도로 썰은 뒤 막걸리에 담구었다가 건져서 식초 2C 넣고 주물러서 꼭 짠다.

(막걸리에 30분 정도 담군 홍어)

2. 오이는 어슷하게 썰어 소금에 절었다가 꼭 짜놓고 미나리는 4~5㎝로 자르고 대파도 어슷하게 썬다. 배는 굵게 썰어 설탕물에 담구고 도라지는 소금에 절여 꼭 짠다.

3. 수분을 제거한 홍어와 야채를 양념장에 가볍게 무치고 식성에 따라 고추가루를 더 넣기도 한다.

3. 육류

- 갈비찜
- 생갈비 양념(양념갈비)
- 너비아니
- 오색족편
- 양지머리 편육
- 돼지고기 편육

갈비찜

■ 필요한재료

- ●소갈비 1㎏, 무, 양파, 밤, 은행
- ●양념장(간장 6TS, 설탕 3TS, 파, 마늘, 후추, 배 갈은것 50g, 참기름 1TS, 깨소금 2ts)

■ 알아두세요

- ●이바지 음식에서 갈비찜은 은박지에 하나하나 싸서 보내기도 한다. 이바지 음식에 갈비찜을 준비할때는 보통 15근~20근 정도를 만든다.

만들어 보세요

1.소갈비는 토막내어 기름을 제거한 후 1~2번칼집을 넣고 찬물에 30분 이상 담구어 핏물을 뺀다.

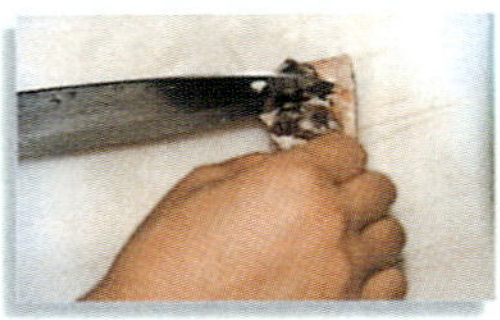

2.①을 슬쩍 끓인 후 끓인 물은 따라 붓고 배 갈아놓은 것에 재워둔다.

3.양념장의 2/3정도와 무 토막낸것, 양파를 넣고 배에 재워둔 갈비를 넣고 익힌다.

4.가끔씩 뒤집어 주면서 나머지 양념넣고 졸인다.

5.밤은 3~4등분하여 자른뒤 갈비양념장에 따로 익힌다.

6.은행은 파랗게 볶는다.

7.뚜껑있는 그릇에 갈비를 담고 고명으로 밤과 은행을 올려 놓는다.

생갈비 양념(양념갈비)

■ 필요한재료

● 생갈비 1㎏, 간장 6TS, 설탕 3TS, 배갈은 것 50g, 양파즙 2TS, 파, 마늘, 생강, 참기름 1/2TS, 잣

■ TIP

● 양념한 갈비는 여름철보다 겨울철이 더 적합하다.
● 이바지 음식에 양념한 생갈비를 준비할때는 갈비찜과 비슷한 양, 즉 15~20근 정도를 준비한다.

만들어 보세요

1. 소갈비를 1근에 대해 4~5토막씩 잘라서 살을 길게 떠낸다.
2. 기름기와 힘줄을 제거한뒤 배즙과 양파즙에 30분 이상 재워둔다.
3. 그릇에 분량의 양념장을 넣고 ②를 한장씩 재워둔 뒤 그릇에 담는다.

생갈비양념

오색족편

■ 필요한재료

● 소족(앞다리 1㎏) 1개, 아롱사태 600g, 생강 50g, 대파 1뿌리, 마늘 1통, 통후추 10알, 양파 300g, 소금 1TS, 달걀 2개, 석이버섯 10g, 잣가루 3TS, 실고추 약간, 호두 5알

만들어 보세요

1. 토막낸 족을 솔로 문질러 씻어 찬물에 2시간 정도 담가 핏물을 뺀후 끓는 물에 넣고 슬적 데친다.

2. 찬물에 생강, 대파, 마늘, 통후추, 양파, 소금을 넣고 ①과 같이 5~6시간 정도 끓인다.

3. 끓이면서 거품을 거둬내고 쇠족이 반쯤 물렀을때 사태를 넣고 같이 삶아낸다.

4. 쇠족이 다 삶아졌으면 야채의 찌거기를 골라내고 뼈를 추린 다음 국물은 체에 받쳐 다른 그릇에 담아두고 고기는 지저분한 것은 떼어내고 다진다.

5. 쇠족 다진것과 고기 다진 것을 마늘즙, 생강즙, 소금으로 양념하여 국물과 함께 눌지 않도록 조심하면서 끓인다.

6. 계란은 황백지단을 곱게 만들고 석이버섯은 손질하여 채썬다. 잣가루와 실고추, 다진 호두를 준비한다.

7. 네모난 그릇에 ⑤를 두께 2㎝정도로 붓고 약간 굳으면 황백지단, 석이버섯, 실고추, 잣가루, 다진 호두를 색을 조화롭게 얹어서 완전히 굳힌다.

8. 차갑게 굳으면 적당한 크기로 썰어 초간장이나 겨자초장과 같이 놓는다.

너비아니

■ 필요한재료

- 소고기 안심이나 우둔살 600g, 간장 5TS, 다진파 2TS, 마늘 2TS, 설탕 3TS, 후추 1/2ts, 참기름 2TS, 깨소금 1TS, 배즙 1/2C, 잣가루 1/2C

■ 알아두세요

- 너비아니는 고기를 얄팍하게 저며 양념하여 구운 소고기 음식이다.
- 너비아니는 숯불에 석쇠를 얹어서 직화로 굽는 방법이 팬에 굽는 것보다 맛이 있다.
- 이바지 음식으로 너비아니를 보낼때는 보통 15근 정도를 준비한다.

만들어 보세요

1. 소고기를 얇게 저미고 칼집을 넣어서 배즙, 설탕에 30분 정도로 재워둔다.
2. 양념장을 만들어 ①을 넣고 잘 주물러 양념이 고루 베이도록 한다.
3. 석쇠에 식용유를 바르고 달군후 약간 센불에서 굽는다.

4. 잣가루를 ③위에 뿌린다.(잣가루는 잣의 먼지를 면보자기로 닦은 후 고깔을 떼서 면보자기에 싸서 칼로 빻아서 만든다.)

양지머리 편육

■ 필요한재료

● 양지머리 1.2kg, 소금 1ts, 생강 1쪽, 마늘 2통, 통후추 5알

만들어 보세요

1. 양지머리는 찬물에 1~2시간 담가 핏물을 빼고 건진다.
2. 물이 끓으면 양지머리와 소금, 생강, 마늘 통후추를 넣고 2시간 정도 삶는다. 젓가락을 넣어 흐물거리지 않을 정도로 익었을때 양지머리를 꺼낸다.

3. 도마위에 베보자기를 깔고 ②를 꼭꼭 싼후 무거운 돌로 누른다. (누르는 이유: 고기 기름이 빠지고 고기가 연하게 된다.)
4. 잘 눌러졌으면 돌을 내리고 베보자기를 푼다음 고기의 결과는 반대로 썰어 초간장이나 겨자 초장을 곁들인다.

돼지고기 편육

■ 필요한재료

● 돼지고기 삼겹살이나 목살 1㎏, 마늘, 생강, 후추

만들어 보세요

1. 돼지고기는 물에 1시간 정도 담구었다가 생강, 소금으로 밑간한다.
2. 돼지고기를 실로 감아서 찜통에 베보자기 깔고 완전히 익을 때까지 익힌다.

3. 젓가락으로 찔러보아 피가 나오지 않고 잘 들어갈때까지 익힌다.
4. 건져서 베보자기에 싸고 무거운 것으로 눌러둔다.
5. 실을 자르고 크기를 일정히 자른다.(고기결의 반대 방향으로 잘라야 부드럽다.)

모 반

4. 밑반찬류

- 고추장 볶음(약고추장)
- 삼합장과
- 호두장아찌
- 문어초
- 김부각/다시마부각
- 깻잎부각
- 더덕장아찌
- 북어 보푸라기
- 삼계찜

고추장 볶음(약고추장)

■ 필요한재료

●고추장 200g, 소고기 100g, 설탕 1C, 참기름 1/3C

●양념: 간장1TS, 깨소금 1TS, 생강즙 1/2TS, 다진 마늘즙 1/2TS, 다진파 2TS, 잣 2TS

만들어 보세요

1.두꺼운 남비에 참기름을 넣고 고추장을 주걱으로 저어가면서 충분히 볶는다.

2.소고기는 곱게 다져 갖은 양념을 하여 버무린다.

3.①에 양념한 ②의 소고기를 넣고 충분히 볶는다.

4.참기름1/3c를 넣고 거무스름 할때까지 볶으고 상에 낼때는 잣을 함께 얹어서 낸다.

삼합장과

■ 필요한재료

- ●전복 2마리, 홍합 10개, 불린해삼 1개, 소고기 50g
- ●양념장 : 간장 4TS, 다진생강 1ts, 다진파 1TS, 다진마늘 2ts, 설탕 1ts, 후추 1/2ts, 참기름 1ts, 깨소금

만들어 보세요

1.마른 해삼을 불려 어슷 썬다.

2.전복은 내장을 제거하고 손질하여 얇게 저민다.

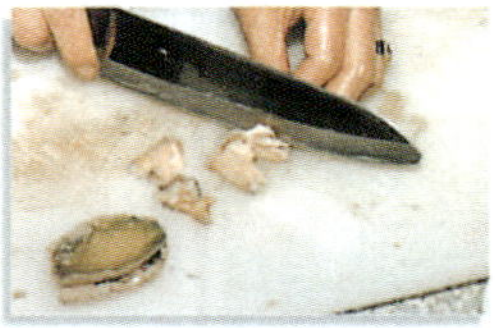

3.홍합은 물에 불려넣고 소고기를 채쳐서 불고기 양념후 살짝 볶는다.

4.냄비에 전복, 해삼, 홍합을 담고 기름에 볶다가 소고기를 넣은 다음 양념에 조린다.

호도장아찌

■ 필요한재료

- 호도깐것 3c, 소고기 100g(간장 2TS, 설탕 2TS, 다진파, 마늘, 후추, 참기름으로 양념한다.) 간장 1/2C, 물엿 1TS, 설탕 1TS, 고추장 2TS
- 뚜껑이 있는 그릇에 담아서 이바지 음식으로 보낸다.

만들어 보세요

1.호도는 더운물에 담구었다가 꺼내어 속껍질을 벗긴다. (식초를 조금 넣어야 껍질이 잘 벗겨진다.)

2.소고기를 곱게 다져 양념한다.

3.①과 ②를 넣고 설탕, 간장, 고추장을 붓고 은근히 졸인다.

4.거의 다 조려졌으면 물엿을 넣고 윤기있게 만든다.(물엿은 음식을 조렸을 때 거의 마지막에 넣어야 조리기구의 바닥에 눌러 붙지 않는다.)

문어초

■ 필요한재료

● 문어 다리 2개, 간장 4TS, 설탕 2TS, 마늘즙 1ts, 생강즙 1ts, 물엿 1TS, 잣약간

만들어 보세요

1. 문어는 소금으로 해캄을 제거한 후 한입에 먹을 수 있는 적당한 크기로 썬다.

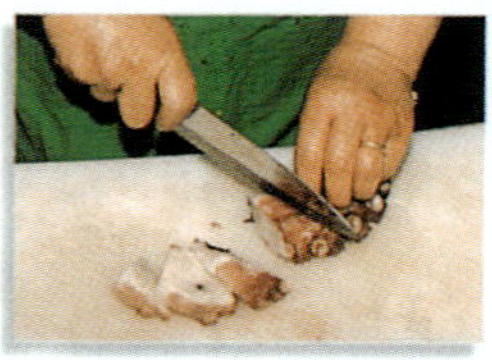

2. 냄비에 조림장(간장, 마늘, 설탕, 생강, 물)을 넣고 끓이다가 썰어놓은 문어를 놓고 익힌다. (문어는 양념장을 충분히 끓인후 익혀야 질겨지지 않는다.)

3. ②가 거의 다 익을무렵 물엿을 넣어 윤기를 내고 잣을 뿌려 준다.

김부각/다시마 부각

■ 필요한재료

● 김 10장, 다시마, 찹쌀가루 1/2C, 찹쌀밥 1/2C, 통깨 1/4C, 설탕 1TS, 소금 1TS

■ 알아두세요

● 찹쌀풀을 만들때 찹쌀을 충분히 불려 방앗간에서 빻은후 비닐봉지에 조금씩 담아 냉동 보관하여 사용한다.

● 찹쌀풀은 찹쌀가루와 물의 분량을 1:2정도로 넣고 잘 개어 쑨다.

만들어 보세요

1. 찹쌀가루에 물, 소금을 넣어 된 찹쌀풀을 쑤워 김 2장위에 발라 햇빛에 말린다.

2. 김에 거의 말랐을때 6등분하여 자르고 찹쌀밥을 되게 지어서 6등분한 김위에 바르고 통깨와 찹쌀풀을 바른다음 깨나 고추가루를 뿌리고 꾸덕꾸덕해지면 뒤집어서 더 말린다. 다 마른후에 자르면 부스러지기 쉬우므로 마르기전에 적당한 크기로 잘라서 건조한 곳에서 보관한다.

3. 다시마는 적당한 크기로 썰어서 되게 지은 찹쌀밥을 꽃모양으로 붙여서 바짝 말린후 튀긴다.

깻잎부각

■ 필요한재료

●깻잎, 찹쌀가루, 통깨

만들어 보세요

1.찹쌀풀은 냄비에 물을 붓고 찹쌀가루를 충분히 풀어서 오랜동안 저어 주면서 끈기가 나게 하며 되직한 농도로 준비한다.

2.깻잎에 찹쌀풀을 여러번덧발라 주어야 부피감이 생기고 바삭바삭한 맛을 더 할 수가 있다.

3.되게 지은 찹쌀밥을 꽃모양으로 붙여서 기름에 바삭하게 튀겨낸다.

부각과 튀각의 차이

●부각은 음식의 재료에 찹쌀풀이나 밀가루를 발라서 말려 기름에 튀긴것으로, 김, 깻잎, 국화잎, 가죽잎, 들깨꽃송이 부각등이 있다. 부각은 햇살이 좋은날에 말려야하고 김이나 깻잎은 얇으므로 찹쌀풀을 여러번 발라서 말려야 바삭바삭하고 맛이 있다.

●튀각은 찹쌀풀을 바르지 않고 튀긴 반찬으로 다시마 튀각이 있다.

더덕장아찌

■ 필요한재료

● 더덕 200g, 고추장 1C, 파 2대, 마늘 4쪽, 깨소금 1TS, 설탕 2TS, 참기름 1ts

만들어 보세요

1. 껍질 벗긴 더덕을 소금물에 담궈 쓴맛을 우려낸후 방망이나 칼 등으로 얇게 편다.

2. ①을 물기를 없애고 채반에 1~2일 말려 고추장을 넣고 버무린다.

3. 항아리에 ②를 넣고 맛이 배어들면 꺼내어 잘게 찢어서 다진 깨소금, 파 마늘, 설탕, 참기름을 넣어 양념한다.

북어보푸라기

■ 필요한재료

● 북어 2마리, 간장 1TS, 고추가루 4T, 설탕 6T, 소금 2T, 깨소금, 참기름

■ 알아두세요

● 이바지로 보낼때는 9마리 이상을 만들어야 모양이 나온다.

● 이바지 음식에 보푸라기를 보낼때는 한 그릇에 3가지를 같이 담을것이 아니라 뚜껑있는 그릇에 3가지를 각각 담아서 보낸다.

만들어 보세요

1. 북어는 머리, 꼬리, 지느러미를 자르고 뼈를 발라내어 껍질을 벗긴다.
2. 수저로 북어를 살살긁어내어 손으로 비비거나 강판에 문질러 보푸라기를 만든다.

(손쉽게 하려면 믹서기에 넣어 갈아서 만들어도 된다.)

3. 보푸라기를 3등분한다.
4. 3색중 흰색 보푸라기에는 소금, 설탕, 참기름을 넣어 골고루 무친다음 깨를 넣는다.
5. 황색 보푸라기에는 간장, 설탕, 참기름을 넣어 골고루 무친다음 깨를 넣는다.
6. 적색 보푸라기에는 고운 고추가루, 설탕, 간장, 참기름을 넣어 골고루 무친다음 깨를 넣는다. 이때 고추가루는 입자가 보이지 않도록 도마위에 고추가루를 올려놓고 칼로 곱게 다진뒤 촘촘한 소쿠리에 내려서 사용한다.
7. 한 접시에 3색 보푸라기를 보기 좋게 담는다.

삼계찜

■ 필요한재료

●닭가슴살 300g, 수삼 3뿌리, 대추 10알, 후추, 생강

●이바지 음식에 삼계찜을 보낼때는 닭가슴살을 넉넉히 준비한다.

만들어 보세요

1. 대추를 씻어서 씨를 뺀다.
2. 닭은 가슴살이나 안심을 준비하여 얇고 넓게 펴서 자른후 소금, 후추, 생강즙으로 밑간한다.

3. 수삼을 손질하고 은박지나 랩에 ②를 펴놓고 수삼과 대추를 김밥 쌓듯이 올려놓고 김발위에 말아주면서 랩을 살살 뺀다.

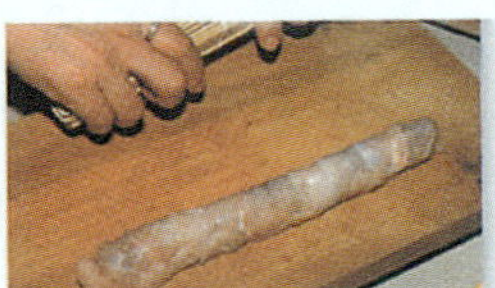

4. 찜통에 ③을 넣고 찐다.

5. 식은후에 1.5cm의 두께로 썬다.

5. 떡

- 원앙떡
- 삼색단자
- 주악
- 화전
- 약식
- 경단
- 부꾸미
- 두텁떡

원앙떡

꼬리떡

원앙떡

■ 필요한재료

●멥쌀 3C, 깨소금 1/2C, 설탕4TS, 소금약간

■ 알아두세요

●원앙떡은 이바지떡을 보낼때 웃기떡으로 보낸다. 작고 앙증스러운 모양이 느껴지도록 솜씨있게 빚는다. 원앙의 날개를 나타내기 위해서는 젓가락을 눌러서 모양을 내기도 한다.

만들어 보세요

1. 멥쌀을 소금넣고 곱게 빻아 채에 1번 내려준다.
2. 깨소금과 설탕, 소금으로 소를 준비하고
3. 끓는 물로 멥쌀을 익반죽하여 1시간 정도 비닐봉지에 담아둔다.

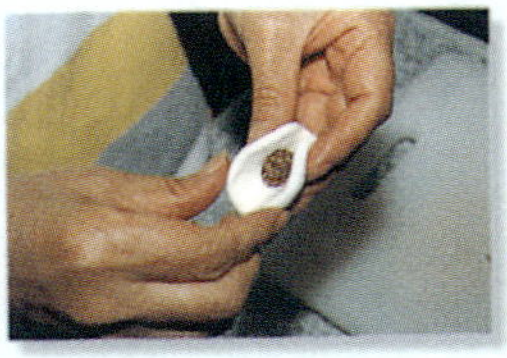

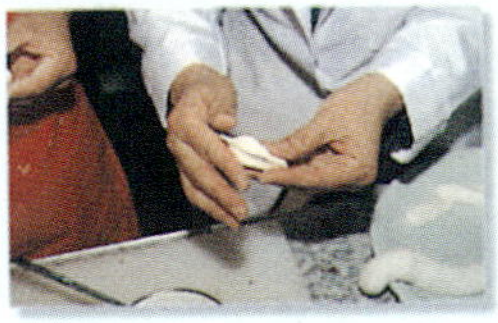

4. 멥쌀을 밤크기로 잘라서 안에 소를 넣고 원앙모양으로 떡을 빚는다.
5. 찜통에 베보자기를 깔고 쪄낸 후 찬물에 헹구어 그릇에 담는다.
6. 치자나 선인장 열매, 쑥등으로 색을 내기도 한다.

삼색단자

■ 필요한재료

- 찹쌀4C, 소금 1TS, 대추 1C, 설탕 6TS, 석이버섯 10g, 밤 10개, 쑥 50g
- 고물 : 거피팥 1C, 대추 12알, 잣 1/2C

■ 알아두세요

- 익반죽이란 쌀가루, 밀가루 등의 곡식 빻은 가루를 뜨거운 물로 반죽하는 것을 말하는데, 익반죽을 해야 반죽이 늘어지지 않고 차지게 된다.

만들어 보세요

1. 찹쌀을 물에 3시간 정도 불려 물기를 뺀후 설탕, 소금 1TS를 넣고 곱게 빻아 채에 내린다.
2. 이것을 3등분하여 하나는 다진쑥을 넣고 익반죽하고 하나는 곱게 다진 대추를 넣어 익반죽하고 나머지는 석이버섯을 다져 섞어 익반죽한다.

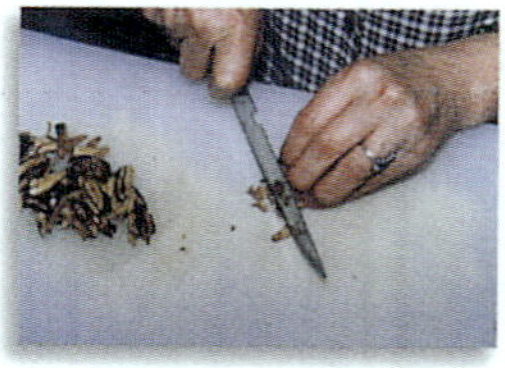

3. ②를 찜통에 쪄서 먹기좋은 크기로 썬다.
4. 잣은 고깔을 떼어 가루로 만들고 팥은 물에 불려서 물기를 뺀후 찜통에 쪄서 으깨어 고물을 만들고 대추는 채를 친다.
5. 쑥넣어 찡은 단자에는 팥고물을 묻히고 대추넣어 찡은 단자에는 대추채를 묻히고 석이버섯 넣고 찡은 단자에는 잣가루를 묻혀 그릇에 담는다.

주악

■ 필요한재료

- 찹쌀가루 5C, 소금 1/3TS,
- 소: 대추5개, 깨 3TS, 꿀 2TS, 계피가루
- 집청꿀:꿀 1/2TS, 계피가루 약간

■ 알아두세요

- 주악은 마치 작은 조약돌처럼 앙증맞게 생겼다 해서 주악이라는 이름이 붙었다.
- 주악은 또한 웃기떡으로 얹기도 하며 그렇지 않을때는 차(茶)와 함께 후식으로 낸다.

만들어 보세요

1. 찹쌀가루에는 소금을 넣어 채에 1번 내린후 끓는 물을 부어가면서 말랑말랑하게 익반죽하여 비닐봉지에 담아둔다.(비닐봉지에 1시간 정도 담아 두어야 찹쌀과 물이 골고루 섞이고 떡이 차지며 맛이 좋아진다.
2. 대추는 씨를 빼어 곱게 다진후 빻아서 섞고 꿀과 계피가루를 넣어 뭉쳐 놓는다.
3. 익반죽한 찹쌀을 커다란 대추만하게 떼어 손으로 동그랗게 굴린후 구멍을 내어 소를 넣어 조약돌 모양으로 빚어 끝을 만두 빚듯이 아무린다.
4. 160℃정도의 기름에 조금씩 넣어가면서 튀긴다. 한번에많이 튀기면 부풀어 오르면서 서로 달라 붙으니 조심해야 한다.
5. 꿀에 계피가루를 뭉치지 않게 잘 타서 섞은 후 튀긴 주악을 담구었다가 꺼내어 그릇에 담는다.

소와 다색주악 만들기

- 소:깨는 씻은 후 이물질을 건지고 볶아서 빻는다. 대추는 씨를 빼고 곱게 다진다. 모든 재료를 분량대로 섞어서 잘 뭉쳐 놓는다
- 다색(多色)주악을 만들때는 오미자, 쑥, 치자 물을 이용하면 된다.

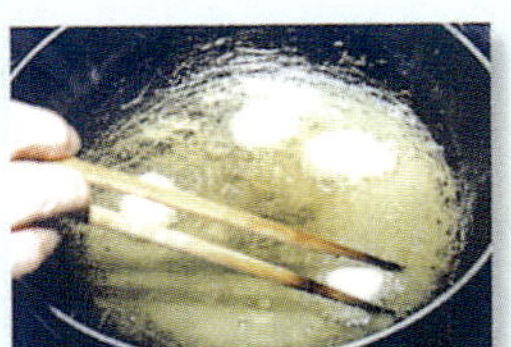

화전

■ 필요한재료

●찹쌀가루3C, 소금2ts, 대추 5개, 쑥갓잎, 시럽, 식용유

■ 알아두세요

●화전은 꽃전이라고도 하며 봄에는 진달래꽃, 여름에는 장미꽃, 가을에는 국화잎을 이용하여 만들기도 한다.

만들어 보세요

1.찹쌀가루는 소금넣고 채에 내려서 뜨거운 물로 익반죽 한후 여러번 치댄다.

2.대추는 씨를 뺀후 채 썰거나 돌돌말아서 썰고, 쑥갓은 잎을 떼어 찬물에 담근다.

3.직경 5cm, 두께 0.4cm 정도로 둥글고 납작하게 빚어서 팬에 기름을 두르고 지지면서 한면이 익으면 뒤집어서 대추와 쑥갓을 붙여 모양을 낸다.

4.뜨거울때 시럽에 담구었다가 꺼내서 접시에 담아낸다.

■조리 point

●시럽은 물과 설탕을 동량으로 넣어 중불에 서서히 끓여 반이 될때까지 조려서 만든다.끓이는 도중에 저으면 설탕으로 되돌아 가므로 조심해야 한다.

●화전을 예쁘게 부치려면 익반죽을 빚은후 오랫동안 치대어야하고, 모양을 만들어 빚은후 달군 팬에 한 쪽을 먼저 지져낸다. 익힌 면에 대추, 꽃 쑥갓등을 붙이고 아래면을 지지고 나서 다시 뒤집어서 장식이 붙은 쪽을 잠시 지지면 된다.

화전

경단

■ 필요한재료

- 찹쌀 5C, 소금 2ts, 설탕약간
- 콩가루 1/2C, 잣가루 1/2C, 대추다진것 1/2C

만들어 보세요

1. 찹쌀을 충분히 불려서 물기를뺀후 곱게 빻아서 소금, 설탕을 넣고 채에 1번 내린다.
2. ①을 뜨거운 물로 익반죽하여 여러번 치댄뒤 직경 2cm정도 동그랗게 경단을 빚는다.
3. 콩은 볶아서 빻아 가루를 내고 잣가루를 준비하며 대추는 씨를 빼어 곱게 다진다.
4. 물에 소금을 약간 풀고 끓었을때 경단을 붓는다. 주걱으로 살살 휘젓다가 떠오르면 조리로 건져 찬물에 헹궈낸후 물기를 없애고 고물가루를 굴리면서 묻힌다. 경단에 고물을 묻힐때는 손으로 일일이 하지말고 쟁반에 고물을 골고루 펴 담고 쟁반을 흔들어 주면 골고루 묻는다.

■ 조리 point

- 경단은 끓는 물로 익반죽 해야하고 삶을때는 바닥에 눌지 않도록 물의 양을 충분히 준비하고, 다 삶은 후에는 찬물에 한 번 헹구어서 고물을 묻힌다.

약식

■ 필요한재료

●찹쌀 5C, 밤 20개, 대추 30알, 잣 3TS

●황설탕 2C, 진간장 4TS, 참기름 4TS, 카라멜소스 4TS, 계피 1ts

■ 알아두세요

●약식을 만들때 전통적인 방법은 떡시루에 담아 찌듯이 만들지만 요즘은 압력솥을 이용하여 간편하게 만들기도 한다.

만들어 보세요

1. 찹쌀을 3시간 이상 불려 물기를 빼고

2. 밤은 껍질을 벗겨 3~4등분으로 자르고 대추도 씨를 빼고 2~3 쪽으로 나눈다.

3. 설탕 1/2C에 물 1/4C넣고 불에 올려 끓여주다가 타기 시작하면 불을 끄고 남비를 움직여서 전체적으로 진한 갈색이 나게하고 곧바로 뜨거운 물 3TS 정도 타서 굳지 않게 카라멜소스를 만든다.

4. 찜통에 베보자기를 깔고 물기 뺀 찹쌀로 고두밥을 짓는다. 도중에 찬물을 약간 뿌리고 뒤집어서 안까지 뜸이 잘들때 익힌다.

5. 익힌 ④에 분량의 설탕, 진간장, 카라멜소스, 계피, 참기름을 넣고 주걱으로 골고루 섞는다.

6. 찰밥에 간이 베이면 대추와 밤을 섞는다.

7. 김이오른 찜통에 베보자기를 깔고 ⑥을 앉힌다.

8. 김이 새어 나오지 않게 뚜껑을 덮어 푹 찐다.

9. 고르게 쪄졌으면 주걱으로 잘퍼서 그릇에 담고 잣을 뿌린다.

부꾸미

■ 필요한재료

●찹쌀가루 5C, 소금 1/2ts
●소:밤 20알, 계피가루 1/2ts, 꿀 2TS
●대추 4~5개, 쑥갓잎

만들어 보세요

1. 찹쌀가루에 소금을 약간 넣고 채에 내린다.
2. 소금물(끓는물 10TS에 소금 1/2ts)을 조금씩 부어가면서 녹진녹진하게 익반죽한다.
3. 밤을 삶아서 으깬후 계피가루와 꿀을 섞어준다.
4. ③의 반죽을 조금씩 떼어 지름 6mm정도로 동글납작하게 빚는다.
5. 대추는 씨를 빼고 돌돌 감은 후 1mm정도로 썰어 꽃모양을 만들고 쑥갓은 찬물에 담가둔다.
6. 팬에 기름 넉넉히 두르고 가열후 ④를 익히면서 쑥갓과 대추로 모양을 낸다.

알아두세요

●부꾸미를 상에 낼때는 서로 닿지 않도록 설탕이나 꿀을 바르면서 접시에 담는다. 부꾸미의 소에는 여름이면 오이나 호박을 채 썰어 잠시 절였다가 꼭 짜서 볶은것을 넣기도 하고 소고기를 채 썰어 양념하여 볶은 것을 넣기도 한다.

두텁떡

두텁떡

■ 필요한재료

- 찹쌀 5컵, 간장 3큰술, 설탕 1컵
- 거피팥 10컵, 간장 7큰술, 설탕 $\frac{1}{2}$컵, 후추가루 $\frac{1}{2}$ts, 계피가루 1큰술
- 설탕 · 꿀 2큰술, 계피가루 1/2큰술, 유자청 2큰술, 대추 15개 밤10개, 잣 3큰술

만들어 보세요

1. 찹쌀은 4~5시간 동안 불려서 채에 내린 다음 간장과 설탕을 넣고 섞어서 채에 다시 내린다.

2. 거피팥은 하룻밤 불려서 손으로 비벼 씻어 팥알이 잘 으깨질 때까지 푹 삶는다.

3. 밤은 껍질을 벗겨 잘게 깍뚝썰고, 대추는 씨를 발라내어 밤과 같은 크기로 썰며, 잣은 고깔을 뗀다. 유자청은 건더기는 곱게 다진다.

4. 찐 팥이 뜨거울때 분마기에 넣고 설탕, 간장, 후추가루, 계피가루를 섞어 공이로 으깨면서 반죽하여 넓은 팬에 팥을 말리는 정도로 눋지 않게 볶아 보슬보슬해지면 어레미에 내려 고물을 만든다.

5. 떡

알아두세요

● 두텁떡은 근래에 많이 불려지고 있는 이름이다. 원래는 봉우리떡 이라고도 하고 후병, 혹은 합병이라고도 한다. 떡을 시루에 앉힐때 보통 시루떡은 고물과 떡가루를 평편하게 앉히지만 이 두텁떡은 떡의 모양을 작은 보시기 크기로 하나씩 먹는 떡이라는 뜻으로 두터울 후(厚)자가 붙은것이며 합병(盒餠)이라 함은 소를 넣고 뚜껑을 덮어 앉히는 격이므로 그릇중의 합과 같다는 뜻에서 붙은 이름이다. 원래 이떡은 궁중에서 내려오는 떡으로 가정집의 떡과는 조금 다르다.

만들어 보세요

5. 찜통에 팥고물을 한 켜 깔고 찹쌀가루를 한 숟갈씩 군데군데 떠 놓고 가운데에 소를 하나씩얹는다. 그 위에 다시 찹쌀가루로 소를 덮은후 전체에 다시 팥고물을 덮는다.
6. 다음 켜는 움푹 들어간 곳에 같은 방법으로 앉혀서 김이 오른뒤 20분쯤 찐다.

※ 두텁떡은 위의 방법외에도 두텁경단, 두텁단자로 만들 수 있다. 두텁경단은 찹쌀을 익반죽하여 찹쌀속에서 소를 넣고 끓인후 건져서 팥가루를 묻힌것이고, 두텁 단자는 찹쌀을 인절미로 만들어 속에 소를 넣고 겉에는 팥고물을 묻힌 것이다.

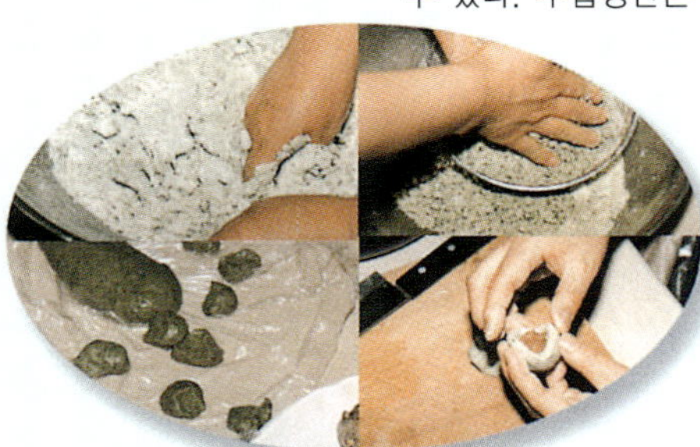

6. 음료

- 식혜
- 수정과
- 원소병
- 배숙

식혜

■필요한재료

●멥쌀 4C, 엿기름가루 3C, 물 12C, 흰설탕 4C, 잣 4TS, 대추 3개

■알아두세요

●식혜는 정월에 주로 먹는 음료인데 식혜의 맛은 엿기름가루에 달려있다.엿기름은 가을 보리나 좁쌀밀의 싹을 말려 만드는데 식혜는 가을 보리로 만든 엿기름이 가장 좋다.

●식혜는 발효 음료의 대표로 맛과 향이 좋으며 소화작용에도 좋은 역할을 한다.

만들어 보세요

1.엿기름가루는 미지근한 물 7C에 2시간 정도 담구었다가 충분히 불려낸후 고운채로 받혀서 손으로 꼭 짜내어 국물을 받아 내고 건데기는 걸른다.

2.채에 걸러 받아둔 진한 엿기름물은 그대로 두어 앙금을 가라 앉히는데 앙금이 섞이지 않도록 조심하면서 맑은 웃물은 다른 그릇에 따른다.

3.쌀을 씻어 잘 불린후 소쿠리로 건져 물기를 빼고 젖은 보자기를 깔은 찜통에서 쪄낸다.

4.뜨겁게 쪄낸 밥을 맑은 엿기름물에 섞어 50~60℃에서 5시간 정도 둔다.(보온밥통을 이용하면 편리하다.)

5.밥알이 삭아서 떠오르면 조리로 건진다.

6.건진 밥알은 찬물에 헹궈 그릇에 담아 두었다가 상에 낼때 띄어낸다.

7.밥알을 건져낸 보온밥통의 단물을 커다란 남비에 쏟아 붓고 물 5컵을 더 부은뒤 설탕을 넣어 끓여서 식힌다.

8.화채 그릇에 식혜를 담고 잣을 띄우고 대추는 곱게 채를 쳐서 섞는다.

※찹쌀식혜는 보기에는 깔끔하지만 맛은 멥쌀식혜가 더 낫다. 식혜의 국물은 기호에 따라 생강을 같이 끓여 그 국물만 이용하기도 한다.

수정과

■ 필요한재료

- 곶감 20개, 호두 30알, 생강 80g, 통계피 20g, 황설탕 2C, 물 20C, 잣 1TS

※수정과에 들어가는 곶감은 흰가루가 피어난것으로 만들며 너무 말라서 딱딱한 것은 피한다.

만들어 보세요

1. 곶감은 씨를 빼고 손질하여 안에 호두를 넣은 다음 2mm정도로 썬다.
2. 생강은 씻어서 얇게 저미어서 끓이고 계피도 따로 물에 넣어 끓인 다음 섞는다.

3. ②를 식힌후 손질한 곶감과 잣을 띄워낸다.

포인트

- 수정과는 국물의 맛이 중요한데 생강과 계피를 같이 끓이면 맛이 상쇄되어 각각의 향이 충분히 나지 않으므로 각각 끓여서 합한다.
- 수정과국물에 미리 곶감을 담궈 놓으면 국물이 탁해지고 곶감이 퉁퉁 불어버리므로 곶감은 손질하여 따로 놓았다가 수정과 담을때 섞는다.

원소병

■ 필요한재료

- 찹쌀가루 2C, 녹말 2TS, 치자 3알, 백년초 1알
- 대추 5알, 유자청 1TS, 꿀 1TS, 계피가루 1/2ts
- 물 5C, 꿀 1/2C, 설탕 3TS, 잣 1TS

■ 알아두세요

- 원소병은 찹쌀가루로 작은 경단을 만들어 소를 넣고 삶아 꿀물에 띄운 음료를 말하는데 찹쌀의 색을 내기 위해 재료를 준비할때는 진한 색보다는 옅은 색을 내는 것이 좋다.

만들어 보세요

1. 찹쌀가루를 고운채에 쳐서 3등분한다.
2. 치자는 잘라서 미지근한 물에 담구어 놓고 백년초 열매도 잘라서 물에 담구어 색을 낸다.
3. 3등분한 찹쌀가루를 하나는 그대로 익반죽하고 나머지는 치자물, 백년초물로 익반죽시킨다.
4. 대추를 다져서 유자청과 꿀 계피가루를 섞어 소를 만든다.
5. 찹쌀가루 반죽을 2cm정도로 둥글게 만들어 준비한 소를 은행알만큼 넣고 손바닥에서 동그랗게 빚는다.
6. 납작한 그릇에 녹말가루를 깔고 ⑤를 넣는다. 그릇 전체를 가볍게 흔들어 경단 표면에 녹말가루가 고루 묻히게 한다.
7. 끓는 물에 ⑥을 넣고 삶는다. 익어서 떠오르면 찬물에 헹구어서 물기를 빼고 차게 식힌다.
8. 물에 꿀과 설탕을 넣고 끓여서 식히고 익힌 경단과 잣을 띄워 그릇에 담는다.

(백년초는 제주도에서 주로 생산되는 선인장 열매이다)

배숙

■ 필요한재료

● 배 1개, 생강 50g, 물 10C, 설탕 2C, 통후추 1TS, 잣 1TS

만들어 보세요

1. 배는 모양틀로 찍고 가운데에 통후추를 박는다.
2. ①을 설탕물에즉시 담구어야 색이 변하는 것을 방지한다.
3. 생강을 손질하여 편으로 썰어서 설탕물에 끓인다.
4. 생강의 향이 베이도록 끓인후 생강을 건져내고 모양낸 배를 투명해질때까지 중간불에서 끓인다.
5. 화채그릇에 담아내고 잣을 띄운다.

7. 한과

- 엿강정
- 강정
- 숙실과(율란, 조란, 생강란)
- 다식
- 약과
- 과편
- 매작과

엿강정

■ 필요한재료

●깨, 물엿 1C, 설탕 1C, 물 1/4C

■ 알아두세요

●엿강정은 깨, 콩, 호두, 땅콩, 잣등을 시럽이나 물엿에 넣어 버무려서 서로 엉키게 한후 모양을 내어 약간 굳었을때 잘라서 굳힌 한과이다. 엿강정은 계절에 따라 시럽만드는 방법이 다르다. 겨울철엔 시럽을 물엿:설탕:물=1:2:1/4의 비율로 섞고 여름철에는 1:1:1/4로 만든다. 엿강정은 들어가는 재료에 따라 깨엿강정, 콩강정, 잣강정, 곶감호두말이쌈 강정 등이 있다.

만들어 보세요

1.남비에 물엿, 설탕, 물을 붓고 은근히 끓이되 젓가락으로 들어 올렸을때 흰 줄이 나올때까지 끓인다.

2.두꺼운 비닐봉지에 식용유를 바르고 작업대 위에 올려놓고 시럽을 붓는다.

3.②위에 깨를 올려놓고 재빨리 버무리며 밀대로 평편히 해준다.

4.굳기전에 칼로 1.5cm두께로 썬다.

(곶감, 호두말이 깨엿강정은 곶감안에 호두를 넣어 말은 다음 시럽묻힌 깨위에 평편히 올려놓고 말아서 식기전에 썰면된다.)

강정

■ 필요한재료

● 찹쌀4컵, 번가루(녹말또는 쌀가루) 약 1컵, (가) 흰콩 1큰술, 물 1컵, 소주 2큰술, 설탕 1큰술, (나) 설탕 1컵, 물 1컵, 꿀 3큰술

● 고물: 세반(밥풀) 2컵, 흰깨 1/2컵, 잣가루 1/2컵

※ 세반강정은 찹쌀밥을 쪄서 여러색을 물들여 말린뒤 절구에 대강 찧어서 끓는 기름에 잠깐 튀겨서 쓴다.

만들어 보세요

1. 찹쌀은 씻어서 항아리에 물을 부어서 여름철에는 일주일 정도 담가 두어 골마리가 피도록 삭힌다.
2. 삭은 찹쌀을 건져서 여러번 헹구어 씻어 건져서 소금을 넣어 가루로 빻아서 고운체에 친다.
3. 콩은 충분히 불려서 믹서기에 분량의 물을 넣고 갈아서 체에 거른다.
4. 찹쌀가루에 술과 설탕을 고루 뿌리고 콩물을 조금씩 넣으면서 나무주걱으로 섞어서 덩어리지게 한다.
5. 찜통에 젖은 행주를 깔고 반죽을 큼직하게 떼어 안쳐서 찐다. 찌는 도중에 위 아래를 뒤집어 고루 익힌다.
6. 쪄낸 떡을 큰 그릇이나 분마기에 쏟아서 방망이로 꽈리가 일도록 힘껏 치댄다.

7. 넓은 밑판에서 번가루를 뿌리고 떡을 쏟아서 위에도 번가루를 뿌리고 방망이로 0.5cm 두께로 얇게 밀어 적당한 크기로 썬다. 손가락 강정은 길이 4cm, 폭 1cm로 썰고 네모난 산자는 사방 4cm로 썬다. 빙사과용은 잘게 썬다.
8. 썰은 반죽을 더운 방바닥에 한지를 깔고 서로 붙지 않게 늘어놓고 2~3일간 가끔 뒤집으면서 고루 말린다.
9. 말린 반죽은 110℃의 낮은 온도의 기름에 넣어 서서히 튀겨서 부풀린다. 이때는 모양이 똑바로 되도록 숟가락으로 양 끝을 누르면서 튀긴다.
10. 찹쌀과자가 부풀어 오르면 150~160℃의 기름에 잠깐 넣어 약간 노릇하게 튀겨서 건져 기름을 뺀다.
11. 냄비에 (나)의 물과 설탕을 1컵씩 넣어 약 1컵의 시럽이 되도록 끓여서 식혀 꿀을 섞어서 집청꿀을 만든다.
12. 튀긴것을 집청꿀에 담갔다가 여러가지 고물을 묻혀서 목기나 소쿠리에 담는다.

숙실과(율란)

■ 필요한재료

●밤 2C,설탕(꿀) 1/2C, 계피가루 2ts, 잣, 대추채, 잣가루

■ 알아두세요

숙실과는 과일의 열매나 뿌리를 익혀서 꿀에 조린것으로 만드는 방법에 따라 초(炒)와 란(卵)으로 구분한다. 초는 과일의 열매를 모양대로 설탕과 꿀 등을 넣고 조린것으로 밤초, 대추초 등이 있으며 란은 열매를 익힌뒤 곱게 으깨어 설탕이나 꿀에 버무려 다시 본래의 모습과 비슷하게 빚은 것으로 율란, 조란, 생강란 등이 있다. 노인이 되면 이가 상해 단단한 것은 먹기 힘들다. 란을 만들어 드림으로 어른을 공경하는 마음씨가 담긴 음식이다.

만들어 보세요

1. 밤은 껍질을 벗겨푹 쪄서 뜨거울때 채에 내려 으깬 후 꿀이나 설탕, 계피가루를 넣고 반죽한다.

2. ①의 1/3은 모양을 예쁘게 잡아 젓가락으로 무늬를 넣은후 가운데 잣을 박는다.

3. ①의 1/3은 잣가루, 1/3은 대추다진것을 묻힌다.

숙실과(조란)

■ 필요한재료

● 대추, 꿀, 계피가루, 잣

만들어 보세요

1. 대추를 깨끗이 씻은후 씨를 빼고 찜통에서 쪄낸다.

2. 쪄낸 대추를 곱게 다진다.

3. 다진 대추에 꿀, 설탕, 계피가루 넣고 약한 불에서 저어 주면서 조린다음 대추모양으로 뭉쳐 놓는다.

4. 대추 모양으로 빚은것에 끝부분에 잣을 박아 완성한다.

숙실과(생강란)

■ 필요한재료

●생강, 설탕, 꿀, 잣가루, 물엿, 물

만들어 보세요

1.생강을 껍질 벗겨서 강판이나 믹서기에 곱게 갈아낸다.

2.갈아낸 생강을 채에 걸러서 건데기와 물, 설탕을 함께 넣어 끓이고 생강국물은 그릇에 담아 생강의 녹말을 가라 앉힌다.

3.생강건데기가 반정도로 조려지면 꿀이나 설탕, 물엿을 넣고 계속 약한불로 조려준다.(거품은 거둬낸다.)

4.거의 다 조려졌을때 받아 놓은 생강녹말을 넣고 고루 저어 엉키게 끓인후 완전히 식힌다.

5.식힌 반죽을 조금씩 떼어 생강모양으로 빚어두고 잣가루를 묻힌다.

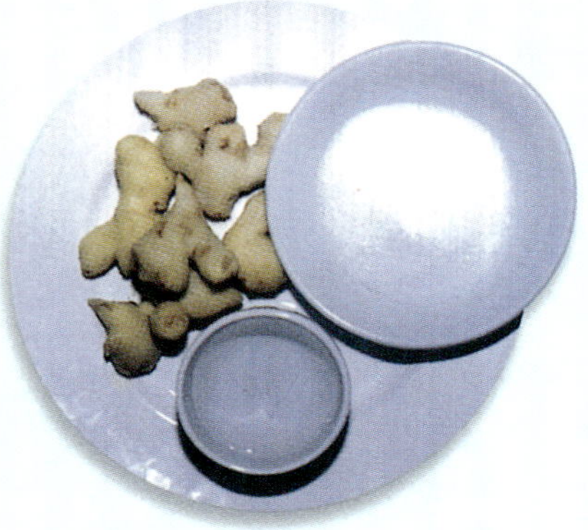

다식

■ 필요한재료

● 흑임자 1C, 송화가루 1C, 콩가루 1C, 꿀

만들어 보세요

1. 흑임자는 깨끗이 씻어 일어서 건진후 타지 않게 볶아서 곱게 빻는다.
2. 송화가루는 5월 중순경 소나무꽃을 채집하여 비닐봉지에 담아 두면 송화가루가 나온다. 이 가루를 고운채에 쳐서 찌꺼기는 버리고 고운 가루만 남겨 이것을 물에 털어놓고 2~3번 우린 뒤 한지에서 떠서 바람이 불지 않는 곳에 놓고 말려서 사용한다.
3. 푸른콩을 살짝 볶아 겉껍질을 벗겨내고 가루내에 고운 채에 쳐서 준비한다.
4. 다식틀에 식용유를 바르고 틀의 모양이 선명하지 않으면 조각칼로 더 파준다.
5. 다식은 꿀이나 물엿의 양이 중요한데 재료가 엉킬 정도로 꿀을 조금씩 넣어주면서 어우러지는 것을 보아가며 반죽한다.
6. 쌀다식은 백설기를 말려 분쇄기에 갈아서 사용하고 밤다식은 밤을 삶아 으깨서 만든다. 육포 다식은 깨소금, 후추를 섞어 육포를 다져서 만든다.

약과

■ 필요한재료

- 밀가루 2C, 소금 후추약간, 참기름 3TS, 물 3TS, 술 2TS, 생강즙 1TS
- 집청꿀, 설탕 1C, 물 1/2C, 계피 1ts
- 잣가루 1/2C

만들어 보세요

1.분량의 소금, 후추, 밀가루를 섞어 채에 두번 내린다.

2.①에 참기름을 넣고 골고루 비빈다.

3.다시 채에 내린다.

4.꿀과 생강즙, 술을 섞어서 채친 밀가루에 붓고 양손으로 뭉치듯이 반죽한다.

5.반죽을 비닐봉지에 담아서 냉장고에 1시간정도 놔둔다.

6.약과판에 얇은 비닐이나 식용유를 바르고 반죽을 떼어넣고 손가락으로 꼭꼭 눌러준후 기름이 잘 스며들도록 대꼬치로 3~4군데 찔러준다.

7.150℃ 정도의 기름에서 튀긴다.(이때 기름의 온도가 낮으면 반죽이 풀어지고 반대로 온도가 너무높으면 겉만 타므로 조심한다.)

8.고운 갈색으로 튀겨지면 건져서 집청꿀에 담구었다가 꺼내어 잣가루를 부린다.(집청꿀은 설탕1C, 물 1/2C, 꿀 1/2C 넣고 중불에서 젖지 말고 서서히 끓여 1C정도로 졸인후 계피가루를 섞는다.)

과편

■ 필요한재료

● 키위 3알, 대추 2알, 딸기 200g, 설탕(과일무게의 4/5정도), 한천(과일재료의 1/3의 양)

■ 알아두세요

● 과편을 만들때는 제철에 나오는 과일을 이용하는 것이 좋고 복숭아는 백도, 황도, 캔을 이용하면 편리하다.
● 잼을 만들수 없는 과일은 과편도 하기 어렵다.(예: 배)

만들어 보세요

1. 과일을 손질하여 곱게 갈은다.(대추는 씨를 빼고 다진다)
2. 과일 재료의 4/5정도의 설탕과 1/3정도의 한천을 넣고 약한 불에서 은근히 조린다.
3. 거품이 나오면 걷어주고 끓여서 식힌다.
4. 평편한 그릇에 ③을 붓고 모양틀로 찍어준다.

매작과

■ 필요한재료

- 밀가루 1C, 소금1/2ts, 생강즙 2TS, 물
- 설탕시럽(설탕, 물 1C씩) 계피가루 1ts, 잣가루 20g

■ 알아두세요

- 다색(多色) 매작과를 만들때는 주변에서 쉽게 구할 수 있는 천연의 재료에서 색소를 구한다. (예: 치자 물, 맨드라미, 쑥물, 백년초 물, 홍당무 물, 시금치 물 등)

만들어 보세요

1. 생강을 곱게 다져 즙을 준비하여 둔다.

2. 밀가루에 소금을 넣고 고운채에 쳐서 오목한 그릇에 담는다.
3. ②에 생강즙과 물을 조금씩 넣어 주면서 말랑하게 반죽한다.
4. 잣은 잣가루로 만들고 설탕과 물을 섞어 은근한 불에 끓여 시럽을 만든다.
5. 밀가루 반죽을 0.2mm두께로 밀어서 길이 5cm자른후 천(川)자로 일정하게 칼집을 넣어준다.
6. 가운데 칼집 사이도 양 끝을 밀어넣고 뒤집어서 모양을 낸다.
7. 150℃정도의 기름에 ⑥을 넣고 튀긴다. 노릇노릇하게 튀겨서 건진후 설탕시럽에 담구었다가 잣가루를 뿌린다.

국수와 고명

국수는 생일, 결혼, 회갑, 정초등 축하하는 날에 대접할 때 쓰인다. 특히 혼례 음식에서는 "두사람의 인연이 국수가락처럼 길기를 바란다"는 뜻에서 꼭 들어가게 된다.

1. 국수삶기

① 만드는 법

ㄱ. 큰 냄비에 물을 넉넉히 붓고 센불에서 물을 끓인다.

ㄴ. 물이 끓어 오르면 국수를 넣은 뒤 부드러워지면 바로 젓가락으로 면을 휘저어 주고 2~3분 더 끓여준다. 국수가 끓어 오르면 남비 가운데에 찬물을 붓고 한번 더 끓인후 식용유를 약간 넣고 건져서 찬물에 헹구어 사리를 체에받친다.

2. 국수 국물만들기

① 재료- 무 500g, 양파 1개, 굵은파 3~4뿌리, 마늘, 생강, 청주 2TS, 다시마 10cm짜리 3~4개, 소금, 집간장약간, 소고기 양지머리나 사태 1.2kg.

② 방법- ㄱ. 다시마를 제외한 모든재료를 모두 넣고 물을 부은후 중불에서 1시간 이상 달인다.

ㄴ. 건데기 꺼내기5~10분 전에 다시마를 넣고 끓인다.

ㄷ. (ㄴ)을 체에 받쳐 놓고 국물은 소금으로 간을 한다. 색을 내고 싶을 때는 집간장을 약간 넣는다.

ㄹ. 삶아낸 고기는찢어서양념하여 국수 장국에 고명으로 쓴다.

3. 국수 고명만들기

ㄱ. 소고기- 소고기는 삶아서 찢은후 갖은 양념을 한다. (국물은 국수 장국으로 쓴다.)

ㄴ. 계란 지단- 팬에 식용유 약간 바르고 계란을 황백으로 나누어 소금 약간 넣은 후 부친 후 채썬다.

ㄷ. 석이버섯- 충분히 불렸다가 채썬후 볶는다.

ㄹ. 호박, 홍당무- 채썬후 끓는 소금물에 넣었다가 꺼낸다.

ㅁ. 붉은 고추나 풋고추는 씨를 빼고 채썰어 사용한다.

국수 상차림

장식만들기

1. 오징어로 만든 장식

- 장미 오리기
- 국화 오리기

2. 문어로 만든 장식

3. 곶감으로 만든 장식

장미 오리기

■ 필요한재료

● 오징어, 가위

만들어 보세요

■ 장미 만들기

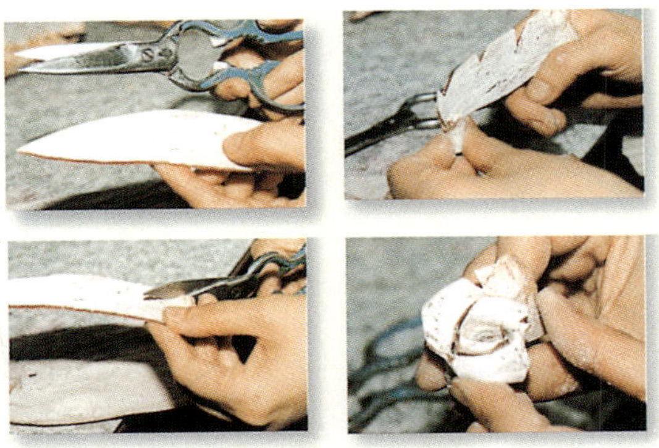

1. 오징어는 얇은 것을 준비하여 물에 담근후 촉촉하게 해서 무거운것으로 눌러 평편히 해준다.

2. 오징어를 길이로 썰어서 2~3cm 간격으로 칼집을 낸다.

3. 오징어 폭이 좁은곳에서 넓은쪽을 향해 말아주면서 꽃 모양을 만든다.

4. 만든 꽃이 풀어지지 않도록 오징어에 칼집을 넣어 오징어 끝을 끼워준다.

국화 오리기

■ 필요한재료

●오징어, 가위

만들어 보세요

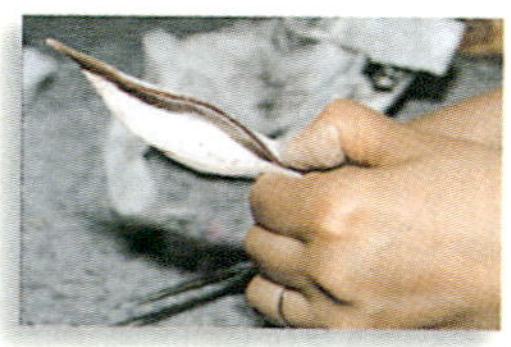

1.오징어는 얇은것을 준비하여 물을 뿌린후 무거운것으로 눌러서 평편히 해준다.

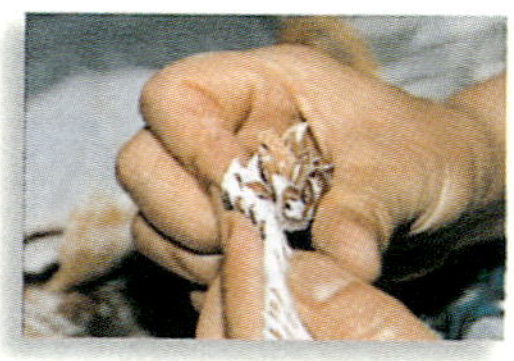

3.칼집낸 오징어를 한쪽손으로 꼭 쥐고 한손으로는 말아준다.

2.오징어 몸통의 1/4정도를 길이로 접고, 칼집을 좁은 간격으로 넣어준다.

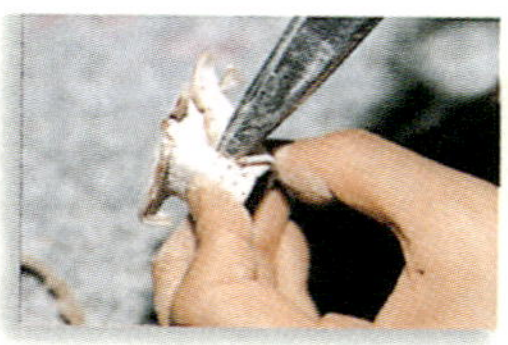

4.꽃잎을 접어서 끝나는 부분에 송곳이나 가위 끝으로 칼집을 넣어 꽃이 풀어지지 않도록 끼워서 말린다.

문어 오리기

■ 필요한재료

●문어, 가위, 칼

만들어 보세요

1.문어가 두꺼우면 칼을 이용하여 길이로 포를 뜬다.

2.문어에 스프레이를 해서 꾸덕꾸덕하게 만든후 무거운것으로 눌러서 평편히 해준다.

3.오징어 오리듯이 칼집을 넣어 접어서 모양을 낸다.

※문어 오림은 오징어 오림과 같은 방법으로 하지만 경제적인 면에서 오징어에 비해 월등히 가격 차이가 나므로 요즈음은 오징어로 대처하는 경향이 많다.

곶감오리기(곶감잣박이)

■ 필요한재료

●곶감, 잣, 가위

만들어 보세요

1.곶감은 씨를 빼고 곶감 안에 손가락을 넣어 모양을 내준다.

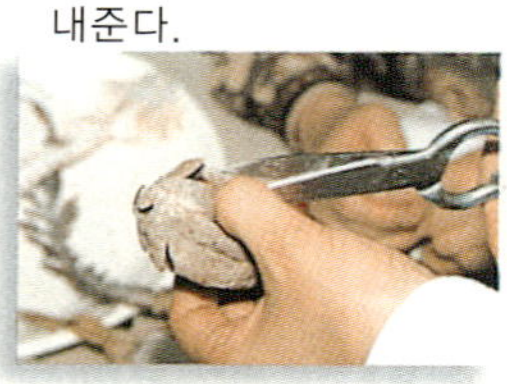

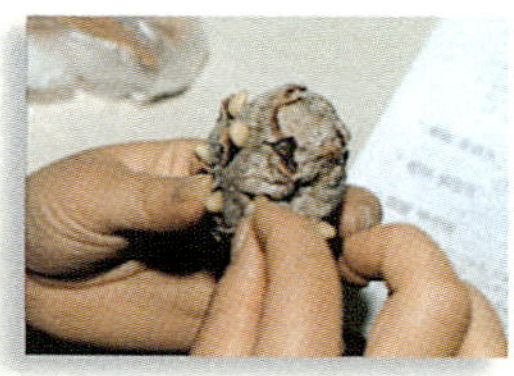

2.곶감을 접어서 가위 끝으로 살작 잘라 주는데 자른 부분이 겹치지 않도록 하면서 끝까지 잘라준다.

3.가위로 자른 부분에 잣을 하나씩 끼워준다.

※곶감은 분이 하얗게 나온 것으로 만드는 것이 보기가 좋으며 이바지 음시으로 보낼때는 목기(木器)바닥에 한지를 썰어서 올려 놓으면 보기에 좋다.

폐백 상차림

상차리기 예제

폐백 상차림

상차리기 예제

폐백 상차림

폐백 상차림

폐백 상차림

상차리기 예제

폐백 상차림

상차리기 예제

폐백 상차림

상차리기 예제

폐백 상차림

이바지 떡 모음

해물 및 모듬전

책을 마무리하면서...

결혼은 사람이 살아가는데 있어 매우 중요한 의미를 갖는 통과 의례입니다. 어린 생명체가 성장하여 각기 다른 환경속에서 자란 사람들이 같이 산다는 것은 어찌보면 아슬아슬한 공중곡예와 같을 때도 있겠지만 가까이 있는 사람을 안타까이 여기고 참고 이해하면 좋은 동반자로 인생을 마무리 할 수 있을 것입니다. 그러므로 진부한 표현일지는 몰라도 항시 좋은 가정이 될 수 있도록 노력하는 자세가 필요합니다.

결혼을 앞둔 젊은이들에게 태교는 꼭 필요한 마음가짐입니다. '태교'는 '태중교육'의 줄임말입니다. 인간의 품성형성은 태어나서는 별 영향이 없다고 합니다. 어머니의 배 안에 있을 때부터 형성이 되는 것이므로 어머니 혼자만의 몫이 아니고 아버지도 함께 해야 하는 마음가짐이 필요합니다. 그러므로 부부는 서로 참고 이해하며 사랑해야 합니다.

임신중에 착하고 바른마음을 갖고 영양을 고루 섭취하면서 좋은 음악과 좋은 책을 가까이하며 술과 담배나 자극성이 있는 음식은 피해야겠지요.

이상과 같은 말을 해주거나 듣기는 쉬워도 실천하기에는 매우 어렵습니다.

그러나 가정이 이세상에 가장 편히 쉴수 있는 곳이 되기 위해 조금씩 양보해야 함을 자녀들에게 가르쳐야겠지요. 결혼음식을 가정에서 손수 만들어 봄으로서 풍요로운 물질문명속에서 자란 요즈음의 아이들에게 조금이나마 깨달음이 있었으면 합니다.

이 책이 나올수 있도록 협조해 주신 강선희님, 김순자님, 김영선님, 김인숙님, 변진수님, 서가원님, 서종숙님, 신경숙님, 여수연님, 이금옥님, 이찬동님, 이혜숙님, 임헌자님, 황춘자님 등 현대 폐백 이바지 연구회 임원 및 회원님들에게 감사드립니다.

참고문헌

1. 강인희 한국의맛 대한교과서
2. 강인희 한국의 떡과 과즐 대한교과서
3. 강인희 한국인의 보양식 대한교과서
4. 강전우 관혼상제백과
5. 권오호 인생과 혼인
6. 김연식 한국의 사찰음식
7. 김영대 약이되는 식품
8. 노진화 한국요리 베스트200 한림출판사
9. 대한주부클럽연합회 강의록
10. 이자혜 재미있는 식품이야기 의학출판사
11. 장철수 이바지와 폐백
12. 최순자 전통한과 한국외식정보
13. 하숙정 상차림 수도출판문화사
14. 하숙정 초대상 수도출판문화사
15. 한영용 아름다운 혼례음식 디자인 하우스
16. 한복진 우리음식 100가지 현암사
17. 황혜성 궁중음식 궁중음식 연구원
18. 황혜성 한국의 요리 대학당
19. 황혜성 한국음식 주부생활

손쉽게 만드는 폐백·이바지 음식

현·대·폐·백·이·바·지·연·구·회·김·복·화

저자 / 김복화

저자소개

저자 김복화 선생은
서울덕성여자대학을 졸업하고
●현 강서교양대학
●현 서울성북 제1부녀교실
●현 서울성북 제2부녀교실
●현 구립서초여성회관
●현 장위부녀교실
●일산 농협문화센터
●현 도봉구청 여성대학에서
한식 · 중식 · 양식 자격 대비반과 오븐요리, 생활요리, 궁중요리, 폐백, 이바지, 선음식을 강의중입니다.